Bernd-Lutz Lange
Sascha Lange
David gegen Goliath

*Dir, lieber Matthias,
zur Erinnerung an Deine
alte Heimat und an die
bewegenden, schicksalshaften Tage, in denen
Dein Vater stets aktiv dabei war.
Deine Oma Lotte*

aufbau

Bernd-Lutz Lange
Sascha Lange

David gegen Goliath

Erinnerungen
an die Friedliche Revolution

aufbau

Mit 36 Abbildungen
und einer Karte auf der Innenseite des Schutzumschlags

ISBN 978-3-351-03787-1

Aufbau ist eine Marke der Aufbau Verlag GmbH & Co. KG

1. Auflage 2019
© Aufbau Verlag GmbH & Co. KG, Berlin 2019
Einbandgestaltung ZERO-media.net, München
Satz und Reproduktion LVD GmbH, Berlin
Druck und Binden CPI books GmbH, Leck, Germany
Printed in Germany

www.aufbau-verlag.de

Allen Menschen gewidmet, die im Herbst 1989
auf den Straßen waren.

Inhaltsverzeichnis

Vorwort 9

Sascha Lange
40 Jahre DDR – ein Abriss 11
»Leipzig in Trümmern« 19

Bernd-Lutz Lange
Davor 22
Der entscheidende Tag 69
Danach 112

Sascha Lange
Der Weg zum 9. Oktober 1989 in Leipzig 151
Montag, 2. Oktober in Leipzig 160
Samstag, der 7. Oktober 166
Die Einsatzplanung für den 9. Oktober in Leipzig 170
Der 9. Oktober in Leipzig 177
»Die Zeit drängt« 189
Montag, 16. und 23. Oktober in Leipzig 193
Zwischen Niedergang und Wiedervereinigung ... 204
Der 9. Oktober in Leipzig – Eine Nachbetrachtung 211

Literaturverzeichnis (Auswahl) 215
Abkürzungsverzeichnis 216
Quellenverzeichnis 217
Bildnachweis 220
Danksagung 221

Vorwort

Dreißig Jahre nach der Friedlichen Revolution in der DDR gehört der 9. Oktober 1989 in Leipzig zu den herausragenden Ereignissen jener turbulenten Tage, als am Abend in der Innenstadt mehr als 70 000 Menschen gewaltfrei einen hochgerüsteten Sicherheitsapparat in die Knie zwangen. Grund genug, an diesen alles entscheidenden Montag in Leipzig zu erinnern, hat er doch in unseren Tagen in der gesamtdeutschen Öffentlichkeit immer noch nicht die ihm zustehende Beachtung und Würdigung.

Wir haben dieses Buch nach einer Geschichte aus dem Alten Testament »David gegen Goliath« genannt, die zeigt, dass auch ein scheinbar Schwacher einen ungleich Stärkeren besiegen kann. Eben das gelang an diesem entscheidenden Tag in Leipzig und letztlich auch in der gesamten DDR im Herbst 1989 – viele Davids besiegten den schwer bewaffneten Goliath. Und im Vergleich zur biblischen Geschichte sogar ohne auch nur einen Stein werfen zu müssen.

Dieses Buch nähert sich den Ereignissen des Oktober in Leipzig von zwei Seiten: persönlichen Erinnerungen und der Auswertung zahlreicher Akten und Publikationen – mit teilweise neuen Erkenntnissen. Es ist zum einen für die geschrieben worden, die seinerzeit dabei waren: direkt mit auf dem Leipziger Ring und an vielen Orten der DDR oder auch nur als Zaungäste an den Fernsehern auf der anderen Seite der Mauer in der Bundesrepublik und in der ganzen Welt. Zum anderen für die nachfolgenden Generationen.

Zwei Drittel der Leipziger von heute haben die DDR nicht mehr erlebt – aufgrund des Alters oder des Wohnorts, oftmals auch beides. Wer damals im Herbst 1989 das Licht der Welt erblickte, ist inzwischen dreißig Jahre alt und kennt jene Geschichten höchstens von seinen Eltern und Großeltern. Oder knapp angerissen aus dem Schulunterricht.

Zunächst haben wir im Buch vierzig Jahre DDR nochmals Revue passieren lassen, um nachvollziehen zu können, wie es zu den Ereignissen des Herbstes 1989 in Leipzig und in der DDR kommen konnte.

Anschließend kommt Lange senior zu Wort. Er war 1989 Mitte vierzig und am 9. Oktober einer der »Leipziger Sechs«. Seine persönlichen Erinnerungen und Zeitzeugengespräche zeigen, wie scheinbar zufällig und nachhaltig Geschichte geschrieben werden kann.

Der Historiker Sascha Lange, 1989 gerade mal 17 Jahre alt, nähert sich anschließend den Tagen des Herbstes 1989 in Leipzig mittels zeitgenössischer Akten und zeigt unter anderem auf, mit welchen martialischen Mitteln die Volkspolizei gegen die eigene Bevölkerung vorgehen wollte.

Der dreißigste Jahrestag ist ein guter Zeitpunkt, auf die damaligen Ereignisse zurückzublicken. Denn der 9. Oktober 1989 ist nicht nur für uns persönlich ein wichtiger, ein entscheidender Tag in unserem Leben gewesen. Seine Folgen haben die DDR elementar verändert – ein kollektiver Akt der gewaltlosen Selbstbefreiung. Die Ereignisse des Herbstes 1989 fanden an diesem Tag in Leipzig ihren ersten entscheidenden Höhepunkt, ohne den es einen Monat später keinen Mauerfall gegeben hätte. Dies ist nicht das Verdienst einiger weniger, sondern all derer, die in jenen Tagen überall in der DDR den Mut hatten, für elementare Menschenrechte auf die Straße zu gehen. Jeder, der dabei war, spürte, dass Geschichte geschrieben wurde. Und wir haben sie in diesem Buch nochmals aufgeschrieben.

Sascha Lange

40 Jahre DDR – Ein Abriss

»Auferstanden aus Ruinen und der Zukunft zugewandt…«, so beginnt die Nationalhymne der Deutschen Demokratischen Republik. Ein Land, 1949 gegründet mit dem offiziellen Anspruch, alles besser machen zu wollen, als es zuvor in Deutschland war. Dass das sich selbst als »Diktatur des Proletariats« bezeichnende Land am Samstag, den 7. Oktober 1989 seinen 40. Jahrestag feiern konnte, hatte viele Gründe. Da ist vor allem die politische und militärische Schutzmacht Sowjetunion zu nennen, aber auch die schier unüberwindliche Mauer zwischen den beiden deutschen Staaten, der scheinbar allgegenwärtige Überwachungsapparat …

Aber zwei Faktoren für den langen Bestand eines Lands des Mangels und der politischen Unfreiheit werden immer wieder unterschätzt: die Geduld und die Hoffnung der Menschen, die in der DDR lebten. Geduld mit dem Staatsapparat, der sich in bevormundend-väterlicher Fürsorge für wirklich jeden Lebensbereich verantwortlich fühlte und jede Menge Versprechungen für die Zukunft machte. Geduld mit der Idee des Sozialismus als gerechterer und friedenbringender Alternative zum Kapitalismus, als Lehre aus den beiden von Deutschland begonnenen Weltkriegen. Geduld beim jahrelangen Warten auf den neuen Wartburg, die neue Wohnung. Geduld in der Schlange vorm Konsum, vorm Restaurant, vorm Eiscafé. Warten auf einen Urlaubsplatz an der Ostsee, am Balaton, warten auf eine Erlaubnis, die Tante im Westen zu besuchen. Aber warten soll sich ja bekanntlich lohnen, und darin bestand die Hoffnung vieler Menschen in der DDR. Die Hoffnung auf die Einlösung der vollmundigen Versprechen der SED. Die Hoffnung, dass der Sozialismus irgendwann wirklich eine lebenswertere und gerechtere Gesellschaftsform sein könnte.

Der wirtschaftliche Aufschwung der DDR in den 1960er Jahren, die politischen Reformen in der ČSSR im Frühjahr 1968, die Unterzeichnung der KSZE-Schlussakte von Helsinki 1975: Noch bestand Hoffnung – trotz aller sichtbaren Widersprüche und Unfreiheiten. Denn der Sozialismus war laut marxistischer Theoriedefinition die nächste Stufe der Evolution: Urgesellschaft – Feudalismus – Kapitalismus – Sozialismus und schließlich der Kommunismus als die Krone der Schöpfung – nicht von Gott erschaffen, sondern von Menschenhand. Das Paradies mit ein wenig Geduld bereits zu Lebzeiten erreichen, was für ein Leistungsvorsprung! Doch diese Geduld war nach vierzig Jahren restlos erschöpft, die Hoffnung verloren, und die rasanten Ereignisse des Sommers und Herbstes 1989 zeigen dies eindrucksvoll.

Der Weg des Wartens war lang. Er begann unmittelbar nach Kriegsende. Deutschland wurde in Besatzungszonen aufgeteilt, und der Kalte Krieg bestimmte das politische Geschehen in Europa. Eine Folge daraus war die Teilung Deutschlands. Nachdem sich am 23. Mai 1949 die drei westlichen Besatzungszonen zur Bundesrepublik Deutschland zusammengeschlossen hatten, gründete sich am 7. Oktober in der sowjetischen Zone die Deutsche Demokratische Republik. Somit hatten beide neu herausgebildeten Machtblöcke in Europa ihren Teil von Deutschland. Und auch wenn noch viele Jahre jeweils Politiker in der

DDR und der BRD öffentlichkeitswirksam vom Wunsch einer Wiedervereinigung sprachen und »Deutschland einig Vaterland« sogar noch bis 1972 in der DDR-Nationalhymne gesungen wurde, so waren die Chancen auf ein geeintes Deutschland aufgrund der neuen Nachkriegsweltordnung schnell unrealistisch.

Die DDR wollte das »bessere Deutschland«, ein »Friedensstaat« sein – so hatten es sich deren Machthaber zum Ziel gesetzt. Doch um es gleich vorwegzunehmen: Die vielfältigen idealistischen Ansprüche nach dem Ende des Zweiten Weltkrieges für ein gerechteres Land auf deutschem Boden mussten sich schnell den realpolitischen Gegebenheiten unterordnen. 1946 gründete sich in der Sowjetischen Besatzungszone aus KPD und SPD – nicht ganz freiwillig auf Seiten der Sozialdemokraten – die Sozialistische Einheitspartei Deutschlands. Trotz der öffentlichkeitswirksamen Vereinigung der beiden großen Arbeiterparteien der Weimarer Republik dominierten von Anfang an die Kommunisten und waren in erster Linie an der Stabilisierung und am Ausbau ihrer eigenen Macht interessiert. »Es muss demokratisch aussehen, aber wir müssen alles in der Hand haben«,[1] sagte bereits unmittelbar nach der Befreiung 1945 das aus dem Moskauer Exil heimgekehrte KPD-Mitglied Walter Ulbricht in Bezug auf die politische Einflussnahme in der Sowjetischen Besatzungszone. Und damit war das Kind eigentlich schon in den Brunnen gefallen. Die neu gegründete CDU, die Liberal-Demokratische Partei Deutschlands (LDPD), die National-Demokratische Partei Deutschlands (NDPD) sowie die Demokratische Bauernpartei Deutschlands (DBD) verkamen als »Blockparteien« schnell zu Statisten innerhalb des »Demokratischen Zentralismus« der SED-Politik.

Dass die DDR dennoch vierzig Jahre alt wurde, hatte nicht nur mit Weltpolitik, sondern eben auch mit der bereits erwähnten Geduld und Hoffnung der Menschen zu tun. Allerdings war die Geduld vieler Ostdeutscher gar nicht so grenzenlos: In den 1950er Jahren gab es noch Möglichkeiten, die DDR in Richtung Bundesrepublik zu verlassen. Bis zum Berliner Mauerbau 1961 wechselten innerhalb von zehn Jahren mehr als 2,7 Millionen Menschen von Ost nach West.[2] Nach dem stufenweisen Ausbau der innerdeutschen Grenze ging das bis August 1961 nur noch über West-Berlin. Die Ungeduldigen, die Hoffnungslosen hatten also eine Möglichkeit, der Diktatur zu entfliehen und nutzten sie. Und während sich die anderen aus Überzeugung, Opportunismus, Heimatliebe, Hoffnung, Geduld und familiären Bindungen in der DDR einrichteten, demonstrierten am 17. Juni 1953 zehntausende Menschen in den ostdeutschen Städten für Demokratie. Deren Geduld war nämlich auch erschöpft. Was am Vortag in Ostberlin als Protestzug einiger tausend Bauarbeiter gegen die Normerhöhung begann, entwickelte sich schnell zum Flächenbrand, den nur sowjetische Panzer stoppen konnten – nicht die SED-Machthaber.

Selbst die nachwachsenden Generationen, die Jugend in der DDR, wollten sich lieber zwanglos für eigene kulturelle Vorlieben entscheiden, anstatt diese von »oben« verordnet zu bekommen. Darum eiferten zahllose Ost-Jugendliche lieber Elvis Presley oder James Dean nach anstatt Ernst Thälmann oder Erich Honecker. Und die erzwungene »Bruderliebe« zur Sowjetunion war nichts gegen die Liebe, die die jungen Menschen im Osten in den 1960er Jahren für die Musik der Beatles oder Rolling Stones empfanden. In den 1980er Jahren wurde es mit westlicher Musik, mit Punk, New Wave, Hip-Hop, Heavy Metal und Pop erst richtig unübersichtlich …

Die Aufbaujahre überdeckten noch viele politische Widersprüche, und auch nach dem Berliner Mauerbau 1961 schien kurzzeitig in der DDR politisches Tauwetter in Sicht. Die Hoffnung vieler Menschen war, dass sich das Land wirtschaftlich und politisch liberalisieren würde. Beispiele fanden sich in den 1960er Jahren einige. Nach den Verunsicherungen der 1950er Jahre hatte die SED nicht zuletzt durch den Mauerbau zu neuem Selbstbewusstsein gefunden und gab sich zeitweise etwas lockerer. Das zum Deutschlandtreffen der Jugend im Ostteil Berlins gegründete Jugendradio DT64 spielte im Mai 1964 internationale Beat-Musik und traf den Nerv der Teens und Twens, überall gründeten sich Beat-Bands in der DDR, die sich großer Beliebtheit erfreuten. DEFA-Regisseure produzierten kritische Filme über das Leben und Arbeiten in der DDR, die den Menschen aus der Seele sprachen. »Spur der Steine« mit Manfred Krug ist eines der bekanntesten Beispiele dafür. Doch sobald die Obrigkeit merkte, dass diese kleinen Freiheiten die Macht untergraben könnten, zog man sie schnell wieder zurück.

Zu einer Zäsur kam es im Sommer 1968 im Nachbarland Tschechoslowakei. Dort blühten seit Beginn des Jahres im Prager Frühling zarte Pflanzen eines »Sozialismus mit menschlichem Antlitz«. Die tschechoslowakischen Kommunisten wagten das Experiment und begeisterten nicht nur das eigene Volk, sondern auch zahlreiche hoffnungsvolle Menschen in Ost und West. Das könnte der Ausweg aus dem diktatorischen Staatssozialismus stalinistischer Prägung sein, ein neuer Weg hin zu einer gerechteren Gesellschaftsform, von der in jenem Jahr 1968 nicht nur Studenten überall auf der Welt träumten. Aber die Eigenmächtigkeit der ČSSR wurde der sowjetischen Führung schnell unheimlich, und am 21. August rollten die Panzer über den Wenzelsplatz. Dem Prager Frühling folgte sibirischer Winter. Doch die Idee eines demokratischen Sozialismus hatte zahllose Menschen auch in der DDR begeistert und ihnen Hoffnung gegeben. Eine Alternative schien möglich, warum nicht noch einmal?

Und neue Hoffnung kam auf. Als 1971 der allseits geradezu verhasste Staatsratsvorsitzende Walter Ulbricht von Erich Honecker abgelöst wurde, schien die DDR wieder etwas mehr aufzublühen. Westliche Musik war von den Oberen nicht mehr ganz so verschmäht, selbst das offiziell verpönte Westfernsehen wurde jetzt mehr oder weniger toleriert. Aus Mangel an Alternativen richteten sich die Menschen ein im real existierenden Sozialismus. Der bescheiden wachsende Wohlstand war zwar immer noch nicht mit dem Lebensstandard im Westen vergleichbar, aber der Konsum stieg. Überall in den Städten der DDR verkündeten neue klobige Betonbauten unterschiedlichster Nutzung und großflächige Neubaugebiete die Zukunft in den Farben des Sozialismus. Ein Jahr nach Honeckers Machtantritt durften die DDR-Bürger immerhin schon ohne Visa nach Polen und in die ČSSR reisen.

Zeitgleich trug die bundesdeutsche Politik der Ostannäherung mit dem Grundlagenvertrag 1972 erste Früchte der internationalen politischen Entspannung, im Folgejahr wurde die DDR sogar Mitglied der UNO. Das Streben nach internationaler Anerkennung führte Ostdeutschland auch zur Konferenz über Sicherheit und Zusammenarbeit in Europa (KSZE) nach Helsinki. Was die DDR 1975 unterschrieb, war geradezu sensationell. Unter anderem sollte jedes Unterzeichnerland die Menschenrechte und Grundfreiheiten einschließlich der Gedanken-, Gewissens-, Religionsfreiheit achten – alles Punkte, die in der DDR nur rudimentär vorhanden waren. Diese Schlussakte von Helsinki war wieder ein Hoffnungsschimmer, auch wenn sie in der Folgezeit von der DDR im eigenen Land praktisch nicht umgesetzt wurde.

Gleichzeitig schmiedete die DDR-Führung 1972 mit

der Zwangsverstaatlichung aller noch privaten und halbprivaten Betriebe und der Abkehr von den eigenen Wirtschaftsreformen der 1960er Jahre einen ihrer größten Sargnägel, auch wenn die fatalen Auswirkungen erst Jahre später spürbar wurden. 1983 rettete ausgerechnet ein Milliardenkredit aus der Bundesrepublik die DDR vor der internationalen Zahlungsunfähigkeit. Wirtschaftspolitische Kurskorrekturen folgten jedoch nicht.

Trotz aller partiellen Verbesserungen der Lebensbedingungen in der DDR der 1970er Jahre konnte man kaum von einer Liberalisierung der Verhältnisse sprechen. Besonders deutlich wurde das 1976 mit der Ausbürgerung des Liedermachers Wolf Biermann. Der Staat duldete keine Kritik, denn die Partei »hat immer recht«. Namhafte Künstler verließen Hoffnung und Geduld, sie zogen die Konsequenzen, kehrten der DDR den Rücken und versuchten ihr Glück im anderen Teil Deutschlands. Auch die schrittweisen Verbesserungen am Ende der 1980er Jahre im deutsch-deutschen Reiseverkehr, die DDR-Bürgern verstärkt gestatteten, in dringenden Familienangelegenheiten oder bei Geburtstagen Verwandte im Westen zu besuchen, konnten die zunehmende Unzufriedenheit kaum abfedern. Die Städte verfielen, die Wirtschaft sowieso. Der »Ausreiseantrag« wurde in den 1980er Jahren für viele zum Notausgang aus einem Land des zunehmenden Stillstands. Der Staat hoffte noch, so die Unzufriedenen loszuwerden, doch es stellte sich bald heraus, dass noch mehr Unzufriedene in der DDR selbst blieben.

Aber auch im Osten bewegte sich etwas: Viele Ostdeutsche schauten 1980 hoffnungsvoll nach Polen. Dort hatte sich die unabhängige Gewerkschaft Solidarność gegründet und wurde schnell zu einer Massenbewegung. Würde es auch in der DDR möglich sein, so etwas zu etablieren? Durch Ausrufung des Kriegsrechts Ende 1981 nahmen die polnischen Kommunisten das Heft des Handelns zwar wieder in die Hand und verboten Solidarność, doch ihre rabiate Reaktion zeigte gleichzeitig ihre Schwäche.

Durch die neue Spirale des Wettrüstens zwischen den USA und der Sowjetunion Anfang der 1980er Jahre gründete sich nicht nur in Westeuropa eine Friedensbewegung. Unter dem Schutz der Kirche bildeten sich in der DDR ebenfalls zahlreiche Gruppen, die mit »Schwertern zu Pflugscharen« und der Parole »Frieden schaffen ohne Waffen« für Aufregung bei den Oberen sorgten. Kirchen wurden auch kulturell zu einer Insel: für Punks, Blueser, Ausgestoßene. Sie entwickelten sich für immer mehr Jugendliche zum Freiraum – in dem sie allerdings stets argwöhnisch von der Staatsmacht beäugt wurden. Im Verlauf der 1980er folgte eine zunehmende Politisierung der kirchlichen Umweltgruppen, sie drängten mit Aktionen nach außen. Ihre Ungeduld wuchs, auch wenn ihre Reichweite noch zu gering war und sie meist nur über den Umweg der Westmedien in der DDR wahrgenommen wurden. Aber die dort aktiven jungen Menschen legten den Finger in die Wunden, zeigten Widersprüche im Land auf in einer klaren Sprache, die in der Öffentlichkeit der DDR nicht gesprochen wurde, und das zu einer Zeit, als viele etablierte Künstler und Intellektuelle in der DDR sich das maximal zwischen den Zeilen getrauten.

Und der große Bruder Sowjetunion? Mit dem Machtantritt von Michail Gorbatschow 1985 kam plötzlich Veränderung in das große Weltreich. Glasnost und Perestroika – Offenheit und Umstrukturierung – wurden zu hoffnungsvollen Zeichen der Veränderung. Einzig die DDR-Führung wandte sich vom politischen Vorbild ab und verharrte weiter in poststalinistischer Agonie.

»Leipzig in Trümmern«

Diesen Song schrieb und schrie zu Beginn der 1980er Jahre die Leipziger Punkband »Wutanfall« über den aktuellen Zustand der Stadt und traf damit ins Schwarze. Eine Stadt, umgeben von hungrigen Tagebaubaggern, sichtbar gezeichnet von der wachsenden Umweltverschmutzung und dem fortschreitenden Verfall der Altbausubstanz. Konnte man die Stadt überhaupt noch retten?

Als internationales Industrie- und Handelszentrum war Leipzig in der ersten Hälfte des 20. Jahrhunderts zur fünftgrößten Stadt in Deutschland aufgestiegen: Metallindustrie, Druckereien, Buchverlage, und bekannt als internationale Messestadt. Leipzig war, im Vergleich zur sächsischen Residenzstadt Dresden, immer schon bürgerlicher – im progressiven Sinne. Wo an der Elbe der sächsische König alle repräsentativen Bauten der Stadt in Auftrag gab, war es an der Pleiße die Bürgerschaft selbst: Grassimuseum, Bildermuseum, Meyer'sche Häuser … Die Menschen gaben der Stadt etwas zurück – zum Wohle aller. Hinzu kam eine hochorganisierte linke Arbeiterschaft. Nicht umsonst bezeichnet man Leipzig auch als die Wiege der Sozialdemokratie.

Die Unangepasstheit vieler Leipziger zeigte sich in den 40 Jahren DDR immer wieder, nicht nur am 17. Juni 1953 auf den Demonstrationen in der Innenstadt. Hunderte Jugendliche protestierten 1965 auf dem Leuschnerplatz unerlaubterweise gegen das Verbot von gleich Dutzenden

Leipziger Beat-Bands. Nirgendwo sonst gab es in der DDR eine vergleichbare Aktion gegen staatliche Musikzensur. 1968 kam es dann zu Kundgebungen gegen den politisch motivierten Abriss der Universitätskirche am Karl-Marx-Platz – ebenfalls beispiellos. Und kaum eine Band war in der ersten Hälfte der 1970er Jahre in der DDR populärer, politischer und feinfühliger in ihren Texten als die Leipziger »Klaus Renft Combo« – bevor sie nach zwei Schallplattenveröffentlichungen 1975 von den Machthabern verboten wurde.

Trotz aller Hochs und Tiefs: Zweimal im Jahr öffnete die Messe der Stadt und ihren Bewohnern das Tor zur Welt. Alle verdienten daran, nicht nur die Firmen aus Ost und West, sondern auch die Leipziger, die die West-Gäste beherbergten oder auf der Messe an einem der Stände arbeiteten. Wiedervereinigung für jeweils eine Woche, eingeschmuggelte Westzeitschriften zur Meinungsbildung inklusive. Im Frühjahr zur parallel stattfindenden Buchmesse wanderte zudem so manches unerreichbare Westbuch in die Tasche eines Ostbesuchers. Die Bücher gingen im Freundeskreis von Hand zu Hand. Was anderswo in der DDR undenkbar schien, war in Leipzig irgendwie möglich. Nicht dank, sondern trotz der SED. Wie wichtig Leipzig als internationaler Ost-West-Handelsplatz war, zeigt auch, dass die DDR in Kooperation mit einer japanischen Firma 1981 unweit des Hauptbahnhofs ein riesiges Luxushotel mit dem Namen »Interhotel Merkur« eröffnete. Mit Restaurants, Intershops, Bars – ein Stück Westen mitten in Leipzig.

Doch trotz partieller Neubauten – in den 1980er Jahren schritt der Verfall des historisch wertvollen Altbaubestandes schneller voran, als die langsamen Mühlen der DDR-Planwirtschaft Sanierungen in die Wege leiten konnten. Bauarbeiter waren in Scharen nach Ostberlin abkommandiert worden, um die Hauptstadt der DDR für die 750-Jahr-Feier noch schöner zu machen. Resignation machte sich breit – nicht nur in Leipzig. Viele Menschen hatten sich bislang irgendwie mit dem System arrangiert und kleine Nischen und Freiräume geschaffen – in der selbst renovierten Altbauwohnung, auf dem Wochenendgrundstück, im Freundeskreis, im Sportverein. Ende der 1980er Jahre bröckelte aber nicht nur der Putz überall von den alten Häusern. Es wuchs auch die Erkenntnis, dass man die Dinge selbst in die Hand nehmen müsse – zunächst nur bei wenigen in aller Konsequenz gedacht und in kirchennahen Basisgruppen umgesetzt. Aber auch die Abwartenden, die Zweifelnden erkannten, dass sich jetzt etwas ändern müsse und nicht erst irgendwann.

Wunsch und Realität in Leipzig am Ende der 1980er Jahre.

Bernd-Lutz Lange

Davor

Blicke ich auf die Ereignisse des Jahres 1989 zurück, dann frage ich mich, wann ich überhaupt zum ersten Mal in der DDR öffentlichen Protest gegen die Partei- und Staatsführung erlebt habe?

Da muss ich nicht lange überlegen, ich weiß es noch genau: Das war am 31. Oktober 1965 in Leipzig, als die Polizei rigoros gegen junge Leute vorging, die nach dem Verbot von Beatbands für ihre Musik und ihre langen Haare demonstrierten. Es war die erste und größte Demonstration im Land nach dem Arbeiteraufstand vom 17. Juni 1953.

Über fünfzig Bands wurde im Bezirk Leipzig die Spielerlaubnis entzogen. Das betraf auch die beliebteste Truppe in jenen Tagen: The Butlers. Um sie zu hören, fuhren die Fans sonst wohin.

Etwa 2000 junge Demonstranten versammelten sich am Reformationstag 1965 auf dem Bruno-Leuschner-Platz.

Dazu gehörte damals viel Mut. Die Mauer stand seit vier Jahren. Keiner konnte weg aus diesem Land. Und die Teilnahme an solch einer Aktion hatte Konsequenzen für den weiteren Lebenslauf.

Der Protest setzte sich in der Innenstadt fort. Wir pfiffen und buhten am Markt Polizisten aus, als sie langhaarige Jugendliche unsanft auf einen LKW verfrachteten und ein Wasserwerfer in Aktion trat. Ich hätte gar nicht gedacht, dass man in Leipzig solch ein metallenes Ungetüm besaß. Diese martialischen Spritzgeräte kannten wir doch nur aus Filmsequenzen aus dem »DEFA-Augenzeugen« (das war die Kino-Wochenschau vor dem Hauptfilm), wenn vom Kampf und Protest fortschrittlicher Menschen in kapitalistischen Ländern berichtet wurde.

Und hier richtete sich der Einsatz gegen Schüler, Lehrlinge und Jungfacharbeiter der sozialistischen DDR. Die Mehrheit von ihnen war garantiert Mitglied der FDJ, also der »Kampfreserve der Partei« – wie es im offiziellen Parteijargon hieß.

Als ich in der Woche darauf einen (privaten!) Friseur aufsuchte und darum bat, dass zumindest die Hälfte der Ohren noch vom Haar bedeckt sein sollte, raunzte mich der Barbier an: »Sie sind wohl auch so ein Gammler? Ich kann auch die Polizei anrufen!«

Drei Jahre später gehörte ich zu den Demonstranten auf dem Karl-Marx-Platz, die gegen die geplante Sprengung

Die Leipziger Polizei setzte am 31. Oktober 1965 gegen protestierende Jugendliche erstmalig einen Wasserwerfer ein.

Die Leipziger Universitätskirche kurz vor ihrer Sprengung im Mai 1968. In den Tagen davor kam es vor der Absperrung immer wieder zu Menschenansammlungen, die von Sicherheitskräften aufgelöst wurden. Das angrenzende Universitätsgebäude wurde anschließend ebenfalls abgerissen.

der Universitätskirche protestierten, und wurde nach dem letzten Gottesdienst in St. Pauli von einem Stasi-Mann barsch aufgefordert, die Kirche schneller zu verlassen. Als ich mich dem verweigerte, verlangte er meinen Ausweis.

Das ist also meine letzte Erinnerung an die spätgotische Hallenkirche: ich stehe mit einem Stasi-Mann auf dem Weg nach draußen in einer Nische, und er schreibt Namen und Adresse mit einem Kugelschreiber in ein Notizbuch.

Dieser Karl-Marx-Platz, auf dem wir uns 1968 an einigen Tagen im Mai abends versammelten, sollte gut zwanzig Jahre später eine besondere Rolle spielen. Aber so viel Phantasie hatte 1968 niemand, um sich das vorzustellen. Und der junge Stasi-Mann in der Universitätskirche, der vielleicht das erste Mal in solch einem Gotteshaus war, konnte gleich gar nicht ahnen, wie das im Jahr 1989 für ihn ausgehen würde ...

Ich wiederhole an dieser Stelle, was ich schon einmal formuliert habe: Als sich der Staub der Sprengung verzogen hatte, wurde plötzlich der Turm der Nikolaikirche sichtbar. Ein Symbol für die Zukunft. Dort geht es weiter.

Und wie es weiterging!

Zwischen 1968 und 1989 liegen 21 Jahre. Das ist das Alter, in dem der Mensch volljährig wird.

Wenn jener Mitarbeiter der Staatssicherheit im Herbst 1989 in der Nikolaikirche im Einsatz war, dann hat er sich vielleicht an seinen kurzen dienstlichen Besuch in der Unikirche erinnert und ahnte in jenen Tagen womöglich, dass es dieses Mal für seinesgleichen nicht gut enden würde.

Ich komme noch einmal auf jenen Platz zurück, der heute wieder Augustusplatz heißt und bis Anfang der 90er nach dem deutschen Philosophen und Gesellschaftstheoretiker benannt war. Also nach jenem Mann, der einmal gesagt haben soll, dass er eins sicher weiß ... dass er nicht Marxist ist.

Nicht umsonst spielte auch der Zweifel in seinem Leben immer eine Rolle.

Was wir in der DDR in all den Jahrzehnten erlebten, war nichts anderes, als es Karl Marx, allerdings auf eine andere gesellschaftliche Konstellation bezogen, formuliert hatte: »Die politische Gewalt im eigentlichen Sinne ist die organisierte Gewalt einer Klasse zur Unterdrückung einer anderen.«

Die herrschende Klasse der Funktionäre unterdrückte nicht nur eine Klasse im Land, sondern gleich das ganze Volk.

In den achtziger Jahren geriet in der DDR einiges in Bewegung.

Unter dem Dach der Kirchen, in denen es sonst nur um den Geist des Evangeliums ging, sammelten sich immer mehr kritische Geister und gründeten Arbeitskreise für Gerechtigkeit, Menschenrechte, Umweltschutz und Frieden. Gerade beim letztgenannten Thema wurde nach der Einführung des »Wehrkundeunterrichts« in den Schulen am 1. September 1978 (ausgerechnet am Jahrestag des Beginns des Zweiten Weltkrieges!) vermehrt Kritik im Land laut. Vor allem durch die Kirchen. Besonders die Evangelische Kirche trat für eine »Erziehung zum Frieden« ein und wehrte sich gegen jegliche vormilitärische Ausbildung.

Ich bin in den fünfziger Jahren mit Picassos »Friedenstaube« groß geworden, und nun wurde der korrekte Wurf einer Handgranate geübt, die Handhabung einer Gasmaske erklärt und mit Luftgewehren auf Silhouetten von Menschen geschossen. Sogar die legendäre Kalaschnikow kam in Wehrlagern mit scharfer Munition zum Einsatz.

Im Wehrkundeunterricht erhielt die Klasse meines Sohnes lebensrettende Hinweise von einem NVA-Offizier, wie der Schulkeller zum sicheren Atomschutzbunker ausgebaut werden könnte. Wie beruhigend, Gott sei Dank kam es nicht dazu.

Während seiner Tischlerlehre lehnte Sascha im September 1989 bei der »vormilitärischen Ausbildung« das Schießen ab und musste dafür mit drei Gleichgesinnten Kohlen schippen.

Die Friedensbewegung innerhalb der Kirchen wurde durch diese Politik letztlich befördert und gestärkt. Im Verlauf der nächsten Jahre sollten sich Gläubige und Nichtgläubige durch das unerwartete Miteinander in den Kirchenbänken verbünden, weil sie eine ganz spezielle Reformation vor Augen hatten: eine Erneuerung, eine Umgestaltung der bestehenden Gesellschaft.

Für die Christen geschah das im Geist der Bergpredigt, und die Atheisten akzeptierten diesen Weg, weil auch sie hofften, dass er für alle eine Chance barg.

Die Mehrheit der Menschen im Land war nicht mehr bereit, den Führungsanspruch einer Partei zu akzeptieren, die tatsächlich in einem Lied behauptete, dass sie »immer recht« habe, dabei aber das Unrecht in vielen Facetten verkörperte.

Und die Menschen in den Kirchenbänken bekamen in jener Zeit überraschenderweise Schützenhilfe aus einem Land, das über Jahrzehnte von der Führung der DDR als das Fanal des Kommunismus gefeiert wurde. Jeder kannte die Losung: »Von der Sowjetunion lernen heißt siegen lernen.«

Mit Gorbatschows Amtsantritt schien das tatsächlich möglich zu werden …

Wir glaubten ja: Wenn sich in Moskau, im Kreml, im Hort der reinen Lehre, etwas ändert, dann hat das automatisch auch Auswirkungen auf die DDR. Mit einem Mal hörten wir völlig andere Töne aus dem Kreml und hofften auf Veränderung. Und dann plötzlich der Schock, das unglaubliche Erstaunen: Die blocken das ab!

Das Politbüromitglied Kurt Hager sagte in diesem Zusammenhang in einem Interview: »Würden Sie, wenn Ihr Nachbar seine Wohnung tapeziert, sich verpflichtet fühlen, Ihre Wohnung ebenfalls neu zu tapezieren?«

Unglaublich: Jetzt riskierten »unsere Genossen«, die Jahrzehnte gegenüber dem Kreml den Kopf eingezogen hatten, plötzlich eine eigene Meinung. Die kleinen Geschwister muckten gegen den großen Bruder auf!

Allerdings war das Bild, das Hager benutzte, völlig

falsch! Es ging schon lange nicht mehr ums Tapezieren, also um äußerliches Verschönern.

Es ging um Abriss, Umbau, Neubau.

Schnell hat der Spitzengenosse danach vom Volksmund einen Spitznamen verpasst bekommen: »Tapeten-Hager«.

Fassungslos erlebte die Bevölkerung, dass die bekannte Losung vom »Siegen-lernen« nicht mehr galt, seit Gorbatschow Generalsekretär der KPdSU war. Aber die Menschen auf den Kirchenbänken besaßen nunmehr mit ihm einen atheistischen Schutzheiligen. Sein Bild wurde zu *der* russischen Ikone des 20. Jahrhunderts. Und die zwei Wörter »Glasnost« und »Perestroika« lehrten die SED-Führung das Fürchten.

Zufällig erscheint in der Transkription des ersten Begriffes das deutsche Wort Glas. Und um »Durchsehen« ging es auch, um Transparenz und Offenheit der Partei gegenüber der Bevölkerung.

Bei Perestroika handelte es sich um den Umbau beziehungsweise die Modernisierung des gesamten gesellschaftlichen, politischen und wirtschaftlichen Systems der UdSSR.

Diese beiden russischen Vokabeln lernten die Menschen in der DDR schnell freiwillig, obwohl der Russischunterricht sonst nur selten auf der Hitliste der Schüler auftauchte.

Für die orthodoxen Funktionäre in der Hauptstadt der DDR verkörperte Gorbatschow wohl den Leibhaftigen. Die kritischen Menschen im Land hatten hingegen zum ersten Mal Argumente aus dem Osten! Aus Moskau. Und nicht mehr nur aus dem Westfernsehen. Diese Argumente waren ja von vornherein diskreditiert, weil sie vom Gegner, vom Klassenfeind kamen.

Gorbatschow bot vielleicht die letzte Chance, das sozialistische Lager zu reformieren – wenn es nicht schon generell zu spät war.

Ungläubig rieben wir uns die Augen, als das bekannte sowjetische Magazin »Sputnik«, das in der DDR in Deutsch erschien, verboten wurde und als sowjetische Filme aus dem Spielplan der Kinos verschwanden. Sowjetische Filme! Die mussten über Jahrzehnte regelmäßig von Schulklassen und Arbeitskollektiven gemeinsam besucht werden.

Mit dem Argument, dass sie sich vor ihren sowjetischen Freunden schämen würden, traten in der Folge Genossen und Nichtgenossen aus der vom Staat verordneten Gesellschaft für Deutsch-Sowjetische-Freundschaft aus, Parteimitglieder legten gar ihr »Dokument« (das Parteibuch) auf den Tisch.

Es tat sich was im Land. Immer öfter hörte man in Gesprächen den Satz: »So kann's nicht weitergehen.«

In jener Zeit, im Jahr 1988, schied ich aus dem Ensemble des Kabaretts »academixer« aus.

Dafür gab es zwei Gründe. Ich war 44 Jahre und wollte nun endlich selbst über meine künstlerische Arbeit bestimmen. Es gab logischerweise im Kabarett zwischen Genossen und Nichtgenossen unterschiedliche politische Auffassungen und Diskussionen. Wir einigten uns untereinander immer auf ein Gentleman's Agreement, denn wir wollten natürlich lieber spielen als verboten werden. Mir ging es nun bei Strafe meines Unterganges darum, in der DDR eigenes politisch-satirisches Kabarett zu machen und dabei zu versuchen, auch die Grenzen des Sagbaren zu verschieben. Es war von Anfang an klar, dass ich mit meinem Kollegen Gunter Böhnke ein Kabarett-Duo gründen würde. Wir waren zwei Parteilose, deren politische Ansichten sich sehr ähnelten.

Der zweite Grund war, dass ich mich seit einigen Jahren mit der Geschichte der Juden in Leipzig befasste und zu diesem Thema 1986 in der Halbjahreszeitschrift »Leipziger Blätter« einen ersten Überblicksartikel (den ersten seit 1945 überhaupt) veröffentlicht hatte. Ein zweiter folgte 1988 über den Novemberpogrom. Die Kontakte mit ehemaligen Leipzigern aus aller Welt, die sich daraus ergeben hatten, ließen meinen Wunsch reifen, ein Buch über die Gespräche mit jenen Menschen zu schreiben, die die Konzentrationslager überlebt oder rechtzeitig das Land verlassen hatten. Das verlangte viele Recherchen, und ich musste selbst über meine Zeit bestimmen können.

Im November 1988 hatten wir als erstes selbstständiges Kabarett-Duo der DDR mit dem Andreas-Peschel-Trio im academixer-Keller Premiere. Unser Programm hieß »Mir fang gleich an« und bezog sich auch auf den verheerenden baulichen Zustand der Messestadt. Aber nur auf den ersten Blick. Der geübte Kabarettbesucher der DDR entschlüsselte die Doppelbedeutung sofort, wenn ich zum Beispiel im »Oben-Lied« über ein Haus sang:

Sieh nicht nach oben,
sieh zur Seite, sieh ganz weg!
Denn ganz da oben,
alles morsch auf jedem Fleck!
Und täglich bröckelt die Fassade ab.
Hoffnung auf Änderung, die ist schon langsam knapp.

Das Oben in diesen Zeilen wurde vom Publikum natürlich auch auf die in Berlin ansässige Partei- und Staatsführung gemünzt. Eben auf die da oben. Und deren »Fassade« bröckelte unübersehbar.

Dass die Schere im Kopf bei Genossen und Nichtgenossen anders funktionierte, merkten wir schon im Vorfeld. Da es sich bei diesem Programm, obwohl ich nun freischaffender Kabarettist war, noch um eine Produktion der

»academixer« handelte (Gunter Böhnke schied erst zwei Jahre später aus), strich uns schon Jürgen Hart, der Chef des Kabaretts, eine provokante Szenenfolge über die verheerende Umweltsituation, an der auch Cornelia und Hans-Walter »Hansa« Molle mitgeschrieben hatten. Gunter erinnert sich, dass sich Jürgen auf angeblich »künstlerische Gründe« berief.

In einem Dialog zitierte ich einen Funktionär, der in einer Diskussion über mangelnde Informationen gesagt hatte: »Wenn wir alles sagen, könnte Pessimismus entstehen.« Und der Gesprächspartner antwortet: »Aha, und wenn wir nichts sagen, dann entsteht wohl Optimismus?«

In dem Text wurden die Zuschauer darüber aufgeklärt, dass Ende der siebziger Jahre im Ministerrat beschlossen wurde, keine Umweltzahlen mehr zu veröffentlichen.

Außerdem ging es in der Szenenfolge darum, dass Leipzig wegen der dringend benötigten Braunkohle (die beste soll unter der Stadt liegen) abgerissen und schöner denn je in der Dübener Heide wiederaufgebaut werden sollte …

Am Schluss sang ich eine Strophe aus Udo Lindenbergs »Hinterm Horizont geht's weiter«, jedoch mit verändertem Text. Udo war allerdings bei der DDR-Führung gerade mal wieder in Ungnade gefallen, und so durfte der Song nicht auf die Brettl-Bühne. Wir konnten natürlich alle nicht ahnen, *wie* es ein Jahr später tatsächlich hinterm Horizont weiterging … und dann konnte ich auch den Lindenberg singen.

An die »Abnahme« (ein geschöntes Wort für Zensur) unseres Programms vor der Premiere im November 1988 durch Funktionäre von Staat und Partei erinnere ich mich noch genau. Zum ersten Mal beobachtete ich, dass sich zwei Gruppen herausbildeten. Einmal jene Genossen, die liberalere Ansichten erkennen ließen, also ihren Gorbatschow schon gelesen hatten, und zum anderen die alte dogmatische Riege, die bei bestimmten Szenen die berühmten »ideologischen Bauchschmerzen« bekam. Beliebt war von solchen Funktionären der Satz: »Das versteh ich nicht!« Dann wusste ich, dass sie jene Replik besonders gut verstanden hatten und nur wollten, dass die Passage aus dem Text verschwand.

Die »academixer« hatten diese Abnahmegruppe – da wir ja ursprünglich ein Studentenkabarett waren – um einige Wissenschaftler der Universität erweitert, die uns gewogen waren und zumeist in unserem Sinne argumentierten.

Am meisten wurde über eine Szenenfolge diskutiert, die ich »Utopie« genannt hatte und in der ich mir vorstellte, wie Leipzig aussehen würde, wenn die Amis nach dem Krieg in der Messestadt geblieben wären. Das war natürlich eine ziemliche Provokation.

Einer der Funktionäre meinte empört: »Und zum Schluss kommt dann noch raus, dass das für die Stadt besser gewesen wäre! Das trage ich nicht mit!«

Diese miteinander verwobenen Szenen blieben aber im Programm, weil die anderen Teilnehmer für offensive Selbstdarstellung eintraten.

Der Wind hatte sich schon etwas gedreht.

Wir konnten natürlich im November 1988 nicht ahnen, dass alles, was ich mir in der Szene »Utopie« vorgestellt hatte, bald Stück für Stück Realität werden würde! Von den Rolltreppen, die zu einem »unterirdischen Shopping-Center« und einer »U-Bahn« im Hauptbahnhof führten, bis zu C&A in der Petersstraße.

In einer weiteren Szene wird das Völkerschlachtdenkmal für Devisen nach dem Westen verkauft. In jenen Jahren wurde ja alles, was nicht niet- und nagelfest war, für frei konvertierbare Währung verhökert. In Leipzig sahen wir vor dem mehrstöckigen Gebäude des Staatlichen Ge-

Aus der Szene »Utopie« des ersten Kabarettprogramms von Böhnke/Lange 1988.

brauchtwaren- und Antiquitätenhandels in der Fleischergasse die LKWs aus der Bundesrepublik, Holland oder von sonst woher stehen. Selbst Gaslaternen oder alte Pflastersteine wurden exportiert.

Der Besucher kann es nicht fassen, dass dieses geschichtsträchtige Denkmal verkauft werden soll, und der Mann an der Kasse klärt ihn auf: »Wenn wir nicht unsere Vergangenheit verkaufen, können wir uns nicht mehr unsere Gegenwart leisten.«

Und er weist darauf hin, dass unter dem Begriff Gebietsaustausch noch ganz andere Geschäfte angebahnt würden. Da meint der Besucher am Ende zum Kartenverkäufer:

»Na, ich sag's ja, wir siegen nie gegen den Kapitalismus!«
»Nee, aber wir haben ihm wenigstens noch ordentlich Geld abgeknöpft!«

Als wir nach der Friedlichen Revolution Szenen aus diesem Programm in einer Reprise wieder aufführten, meinte ein Journalist, der unser Programm zu DDR-Zeiten rezensiert hatte:

»Da habt ihr aber jetzt in dieser und jener Szene den Text noch verschärft!«

Und er konnte es nicht fassen, dass wir das alles tatsächlich 1988 so zur Aufführung gebracht hatten.

Schriftsteller, Liedermacher, Kabarettisten, Theater- und Filmleute waren über die Jahrzehnte diejenigen, die versuchten, das Leben in diesem Land so widerzuspiegeln, wie es wirklich war, lockerten damit den Boden für Veränderungen und ermunterten zur Zivilcourage.

Aber nun soll erst einmal an einen Markstein des legendären Jahres 1989 erinnert werden.

Im Mai fanden Kommunalwahlen statt.

In der DDR wurde ja nicht gewählt, sondern nur bestätigt. Es gab eine Einheitsliste. Nicht umsonst hatte der Volksmund für die sogenannte Volkswahl das schöne Wort »Zettelfaltveranstaltung« erfunden.

Die Stimmung im Land vor der Wahl war aufgeheizt.

Ich nahm meinen Wahlzettel von einem Mann entgegen, der mich als Kabarettisten kannte. Das entnahm ich einer Bemerkung. Er lächelte mich an, und ich ahnte, wie enttäuscht er hinter mir hersah, als ich die an der Wand befindliche Wahlkabine ansteuerte. Eine echte Kabine war es ja gar nicht, sondern lediglich eine Art Sichtschutz, der auf einem Tisch stand. Ich stellte mir vor, wie dem Mann durch den Kopf ging: Sieh an, der Lange enttarnt sich, auch so einer, der gegen unsere Kandidaten ist.

Und dann machte er sein Häkchen auf der Liste, denn das Benutzen dieses Ortes wurde vermerkt. Das fand ich später in meiner Stasi-Akte bestätigt.

Mit leichter Erregung, ja auch etwas Herzklopfen, nahm ich also meinen Stift und strich jeden Namen einzeln durch. Nur dann war der Wahlzettel tatsächlich ungültig. Schrieb jemand zum Beispiel darauf: »Nieder mit der DDR!« oder »Die Mauer muss weg!«, zählte das trotzdem als Ja-Stimme, weil die Namen der Kandidaten nicht durchgestrichen waren ...

Wer die Wahl nicht wie gewünscht absolvierte, musste unter Umständen mit Nachteilen rechnen. Es könnte sein, dass er seine Reise zur Großmutter nach Köln oder zur Silberhochzeit von Onkel Kurt in Hildesheim gefährdete ...

Als ich an die Urne trat, um meinen Zettel in den Schlitz zu stecken, hatte nach meinem Gefühl der Wahlhelfer Mühe, nicht den Kopf zu schütteln über so viel Renitenz, und blickte mich und meine Frau, die genauso gehandelt hatte, etwas verbissen an, machte eine frostige Miene an diesem sonnigen Maitag.

Es war ein Tag, an dem Partei und Regierung bei der Auszählung der Wahlzettel einen Denkzettel erhielten.

Umso größer zeigte sich die Empörung im Volk, als der offensichtliche Betrug erkannt wurde. Wie dumm muss man denn sein, wenn man eine Wahl, deren Auszählung von oppositionellen Basisgruppen überwacht wird (ich hatte gar keine Ahnung, dass das überhaupt möglich war), trotzdem fälscht! Der Zorn im Volk war groß.

Und damit legte die Partei im Frühling den Grundstein für die Herbst-Demonstrationen ...

Irgendjemand schenkte mir damals ein mit Ormig abgezogenes DIN-A-4-Blatt, das die FDJ-Stadtleitung Leipzig herausgegeben hatte: »Sprechtexte für den 1. Mai 1989«.

Diese Kreationen bewiesen, dass es Leute gab, bei denen sich in jenem Jahr entscheidender Veränderungen im Denken noch überhaupt nichts getan hatte.

Die 39 Sprüche waren durchnummeriert, aber dann fiel mir auf, dass zwischendurch Nummern fehlten und es sich real nur um 21 Losungen handelte. Vermutlich waren einige der Sprüche so naiv-dümmlich, dass selbst dem verantwortlichen FDJ-Funktionär, der diese Texte abnahm, die ideologische Hutschnur geplatzt war.

Tausende Menschen verließen in den achtziger Jahren die DDR, aber für die FDJ war die Welt im Sozialismus noch immer heil. Es wirkte geradezu gespenstisch, welche Losungen am Kampftag der Werktätigen von der Ehrentribüne am Leipziger Georgiring auf Zuruf erschallten, als die Massen – was weder die Demonstranten noch die winkenden Genossen auf der Tribüne wissen konnten – zum letzten Mal in alter sowjetischer Tradition dort vorbeimarschierten.

»Auf Zuruf« ist nicht korrekt, denn wie mir erzählt wurde, hielt ein Verantwortlicher jeweils ein Schild mit einer Nummer hoch. Und dann riefen die Jugendfreunde im Blauhemd eben gemäß der Zahl 24:

> »Mit viel Wissen in Kopf und Hand
> Bringen wir vorwärts unser Land«.

Das Wissen um den Zustand in unserem Land brachte die Massen tatsächlich vorwärts – allerdings in eine ganz andere Richtung, als sich die Rufer das am 1.Mai vorstellten.

Gleiches gilt für die Losung 26:

> »40 wird nun unser Staat –
> Das verlangt auch unsre Tat«.

Aller schlechten Dinge sind drei. Hier noch eine poetische Kostbarkeit vom Blatt:

»Wir lieben unsere Republik
und unterstützen ihre Politik«.

Nicht mal ein halbes Jahr später wurde aus der verordneten Demonstration ein freier Marsch der Mutigen, und vielleicht war ja sogar ein Losungsrufer vom 1. Mai dabei …?

Am 3. Juni 1989 erhielten die Hoffnungen auf Veränderungen zunächst einen schweren Dämpfer. Auf dem Platz des Himmlischen Friedens in Peking kam es durch die chinesische Parteiführung zu einem Massaker gegen die Reformbewegung der studentischen Jugend.

Statt himmlischen Friedens gab es Hölle und Krieg.

Panzer rollten. Junge Menschen wurden getötet. Die Ereignisse während der Demonstrationen auf diesem Platz sollten in den nächsten Wochen vielen Menschen zu denken geben.

Aber schon schöpften wir neue Hoffnung im Ostblock, denn zum ersten Mal gewann eine unabhängige Gewerkschaftsorganisation die Wahlen in einem sozialistischen Staat.

Solidarność in Polen.

Und auch das passierte im Juni. Hunderttausende Ungarn waren dabei, als Imre Nagy, der frühere Ministerpräsident und Held des Aufstandes von 1956, der auf Geheiß der Sowjets hingerichtet und anonym bestattet worden war, ein Ehrengrab erhielt.

Es bröckelte ganz gewaltig im Ostblock.

Wie sich das gesellschaftliche Klima in der DDR veränderte, wie Menschen in der Öffentlichkeit mutiger wurden, das habe ich besonders am 1. September 1989 bei einem Forum im Grassimuseum mit dem damaligen Stadtarchitekten Dietmar Fischer erlebt. Es ging um den Zustand und um die Gestaltung des Zentrums in Leipzig. Die Stimmung im Raum heizte sich unglaublich auf, wenn Fischer etwas beschönigte oder Sachverhalte falsch darstellte. So viel Widerspruch, so eine heftige Diskussion hatte ich noch nicht erlebt. Es war ein Paradebeispiel, unter welchen Rechtfertigungsdruck die Repräsentanten von Staat und Partei gerieten, wenn nicht abgenickt und freundliche Bemerkungen gemacht wurden.

Es brannte die Luft!

Ein weiteres Beispiel: Am ersten Juni-Wochenende des Jahres 1989 griffen im Leipziger Stadtzentrum Polizeikräfte hart gegen junge Menschen durch, die nichts weiter wollten, als auf der Straße zu musizieren. Trotz des Verbotes eines geplanten Straßenmusikfestivals spielten einige Musiker in der Innenstadt. Bis in den Nachmittag dauerten die Verhaftungen der Musikanten samt Beschlagnahme ihrer Instrumente. Die Augenzeugen waren entsetzt, wie rigoros gegen spielende und singende junge Menschen vorgegangen wurde.

Gewandhauskapellmeister Kurt Masur nahm den Vorfall in Leipzig zum Anlass, um am 28. August 1989 in der Reihe »Begegnungen im Gewandhaus« einen Abend dem Thema Straßenmusik zu widmen. Er verabredete die Veranstaltung mit dem verantwortlichen Funktionär für Kultur in der Bezirksleitung der SED, Kurt Meyer, der am 9. Oktober einer der drei SED-Sekretäre beim Aufruf der »Leipziger Sechs« sein wird.

Das Hauptfoyer war überfüllt. Auch andere zuständige Kulturfunktionäre der Partei und der Stadt saßen im Publikum. Sie mussten sich an diesem Abend allerhand anhören. Dem Gewandhauskapellmeister konnte man

Leipziger Straßenmusikfestival am 6. Juni 1989. Weit entfernt von der Störung der öffentlichen Ordnung.

schlecht die Einladung zu dieser Veranstaltung abschlagen. Der Publikumszuspruch war enorm, etwa 650 Menschen hatten sich versammelt.

Zu Beginn warf Masur demonstrativ ein paar Münzen in den Hut eines im Foyer spielenden Straßenmusikers. Nach der Begrüßung las er aus einem Brief vor, der ihn von einem Augenzeugen erreicht hatte. »... Ich hatte gestern die Freude, Straßenmusik in Leipzig zu erleben, und hatte sehr viel Spaß daran, bis dann um 13.00 Uhr die Bereitschaftspolizei der Straßenmusik ein Ende bereitete.«

Die Bereitschaftspolizei zählte zu den bewaffneten Organen der DDR, die zur Landesverteidigung gehörten. Sie sollten gemäß ihren Aufgaben zum Beispiel Gefahren vorbeugen, Störungen beseitigen, die das Leben und die Gesundheit von Menschen bedrohten. Und nun richtete sich der Einsatz der Uniformierten gegen junge Leute, die mit Gitarre, Geige, Maultrommel und Akkordeon bewaffnet waren.

Kurt Masur moderierte sehr geschickt, erzählte aus der Geschichte der Straßenmusik und von seinen Erlebnissen mit Musikanten auf den Straßen in aller Welt. Und er könne sich nicht erklären, warum das Musizieren in der DDR eine Gefahr sein sollte?

Es gab diverse Wortmeldungen, und schließlich sprach ein betroffener Musiker. Ich hatte noch nie erlebt, dass jemand öffentlich über seine Erfahrungen mit der Polizei im Land berichtete. Der Mann war 26½ Stunden im Volkspolizeikreisamt festgehalten worden und erhielt eine Ordnungsstrafverfügung über 300.– Mark. Er hat sich nach diesem Schreiben beschwert bzw. eher verständnislos bei der Polizei nachgefragt, weil er das alles nicht fassen konnte. Und dann las er im Gewandhaus den Bescheid vom Chef des VPKA, Generalmajor Gerhard Straßenburg, vor: »Sie haben am 10. 6. 1989 in der Leipziger Innenstadt an einer Zusammenkunft von Personen teilgenommen, die geeignet war, gesellschaftliche Interessen zu missachten bzw. die öffentliche Ordnung und Sicherheit zu beeinträchtigen. Zur Beseitigung der von Ihnen verursachten Störung waren die eingesetzten VP-Angehörigen verpflichtet einzuschreiten. Ihre Zuführung zur Klärung eines die öffentliche Ordnung und Sicherheit erheblich gefährdenden Sachverhaltes gemäß § 12 des VP-Gesetzes und die anschließende Ingewahrsamnahme gem. § 15 dieses Gesetzes waren gerechtfertigt, gesetzlich begründet und unumgänglich.«

Als der junge Mann geendet hatte, kam es zu einem Sachverhalt, der die öffentliche Ordnung und Sicherheit erheblich gefährdete: Die Mitteilung des VP-Chefs wurde von den Versammelten lautstark ausgebuht.

Der Generalmajor meinte, Lieder und Musikstücke seien »geeignet«, dass sie »gesellschaftliche Interessen missachten«. Und rechtfertigten die »Ingewahrsamnahme«. Dieses Wort hält mein Computer für falsch und hat es gleich rot unterstrichen. Aber: Hier irrt das Gerät. Der Begriff bzw. eher das, was sich dahinter verbirgt, gehört auch heute noch zu den sogenannten »Standardmaßnahmen« der Polizei …

Masur fragte dann den Straßenmusikant: »Was machen Sie beruflich?«

»Ich bin Buchhändler.«

»Wie viel verdienen Sie im Monat?«

»Etwa 650.– Mark.«

Dass dieser Mann bei solch einem Gehalt nun 300.– Mark Strafe zahlen sollte, forderte den Unmut der Besucher ein weiteres Mal heraus.

Gunter Böhnke und ich waren von Masur – er war auch ein Freund des Kabaretts – ebenfalls ins Gewandhaus eingeladen worden, um an dem Abend Ausschnitte aus unserem Programm zu bringen. Und wir sangen auch, begleitet von unserem Pianisten Andreas Peschel, das bereits erwähnte »Oben-Lied«. Unter vielen Gleichgesinnten fand es mächtigen Widerhall.

An dem Abend zeigte Masur in der Leipziger Öffentlichkeit nach meinem Verständnis erstmals Flagge, und die Funktionäre fühlten sich nicht wohl in ihrer Haut.

Bei dieser Veranstaltung, bei dieser Diskussion hatte ich das Gefühl: Jetzt beginnt etwas Neues. Die Menschen tragen nun, was sie schmerzt und beschäftigt, auch in die Öffentlichkeit. Der Mut wuchs allmählich, Tag für Tag ein wenig mehr. Wahrheiten sprach man nicht mehr nur unter verlässlichen Arbeitskollegen aus, unter Freunden und Verwandten im Wohnzimmer, während eines Spaziergangs durch Wald und Flur oder am gut abgeschirmten

Stammtisch eines Cafés oder einer Kneipe, sondern auch im öffentlichen Raum.

Courage kam in Mode.

Roland Wötzel, damals Sekretär für Wissenschaft in der SED-Bezirksleitung, saß an jenem Abend ebenfalls im Foyer des Gewandhauses. Eine Zeitlang war er für Kultur verantwortlich gewesen und damit auch für die »Abnahmen« der »academixer«-Programme zuständig.

Ich schätzte Wötzel als einen Menschen, mit dem man reden konnte. Und er akzeptierte, dass ich eine andere Meinung hatte. Es schlug einem nicht, wie bei manchen Genossen, dieser marxistische Hochmut entgegen. In Sätzen wie »Das siehst du falsch!«, »Du bist noch nicht so weit!« oder »Dir fehlt das richtige Bewusstsein!«.

Diese Art von Bewusstsein fehlt mir tatsächlich – zum Glück!

Schon im Jahr 1988 hatten wir beide ein erstes Vier-Augen-Gespräch im Boulevard-Club in der Leipziger Karl-Liebknecht-Straße. In der Arthur-Hoffmann-Schule (nach einem Leipziger Antifaschisten benannt, der als Kommunist zum Tode verurteilt wurde), in die unser Sohn Sascha ging, waren bei einem Teil der Schüler antijüdische Witze in Mode, und erstaunt nahm Wötzel zur Kenntnis, dass es auch in Leipzig unter Jugendlichen »Faschos« gab. Das war ihm vor dem Treffen tatsächlich nicht bekannt gewesen.

Nach einem besonderen Vorfall sprach ich mit der Lehrerin, die ebenfalls nicht wusste, was sich da in ihrer Klasse und auf dem Schulhof abspielte, und sie stellte mir eine Unterrichtsstunde zu diesem Thema zur Verfügung. Was ich da erlebte, habe ich in meinem Buch »Davidstern und Weihnachtsbaum« beschrieben.

1988, anlässlich des 50. Jahrestags des Novemberpogroms, gedachten engagierte Leipziger zum ersten Mal öffentlich und ohne staatliche Genehmigung dem schlimmen Geschehen 1938 in unserer Stadt und veranstalteten einen Gedenkmarsch zum Standort der früheren Synagoge in der Central-, Ecke Gottschedstraße, die am 9. November 1938 in Flammen stand.

50 Jahre später hielt in jenen Tagen erstmalig ein Israeli und ehemaliger Leipziger in der Messestadt zwei Vorträge: Simson Jakob Kreutner, Autor des Buches »Mein Leipzig« (seine Erinnerungen an das jüdische Leipzig waren nur in Israel erschienen, die DDR hatte eine Veröffentlichung abgelehnt). Ich war wiederum der erste Leipziger, der mit ihm Briefkontakt aufgenommen und die beiden Auftritte organisiert hatte.

Mit Roland Wötzel sprach ich bei jenem Treffen in dem Restaurant auch über die schwierige Situation im Land. Ein Genosse und ein Nichtgenosse nahmen sich die Freiheit. Wir führten einen offenen Dialog. Einen Dialog, in den die Führung der Partei damals mit dem Volk nicht treten wollte.

Dieses Gespräch zwischen dem Plauener und dem Zwickauer und alle weiteren basierten relativ schnell auf einem gewissen Urvertrauen. Die angesprochenen Themen waren von der Sache her für ihn als Funktionär der Partei höchst brisant. Wir mussten uns darauf verlassen, dass das Besprochene vertraulich blieb. Jeder hätte den anderen durch Indiskretion gefährden können.

Der Kontakt mit Roland Wötzel sollte in den kommenden Monaten eine große Rolle spielen.

Und er erinnert sich nach dreißig Jahren noch an jenen Satz, den ich ihm sagte, als sich im September 89 die Situation zuspitzte: »Ich engagiere mich für alles, was der Entspannung dient, aber für nichts, was eure Macht stabilisiert.«

Doch zunächst will ich von einem anderen Ereignis in jenem Sommer erzählen: Vom 6. bis 9. Juli 1989 fand in Leipzig der Evangelische Kirchentag statt. Das Motto der Veranstaltung stammte aus Psalm 8: »Was ist der Mensch, dass du seiner gedenkst?«

Partei und Staatssicherheit dachten natürlich eher: »Was sind da für Menschen, an die wir denken müssen.«

Die Kirchenleitung klammerte unter staatlichem Druck politische Themen und die Arbeit der engagierten Basisgruppen weitestgehend aus. Die Führung der Kirche wurde sozusagen von der Partei aufgefordert, sich um die Verkündigung ihres Evangeliums zu kümmern und keine Politik zu machen. Die Frohe Botschaft war erlaubt, aber keine politische.

Die Opposition im Land hatte natürlich längst realisiert, dass nur im Freiraum Kirche Strukturen aufgebaut werden können, und nutzte das entsprechend.

Deshalb organisierten die Leipziger Basisgruppen unter Führung von Pfarrer Christoph Wonneberger zur gleichen Zeit in der Lukaskirche am Ernst-Thälmann-Platz einen sogenannten »Statt-Kirchentag«.

Wonneberger war 1985 an dieses Gotteshaus gekommen, gründete später eine Arbeitsgruppe Menschenrechte und koordinierte ab 1986 die Friedensgebete in der Nikolaikirche.

Bei diesem »Statt-Kirchentag« trafen sich viele Mitglieder der DDR-Opposition.

Ich war an einem Tag mit meiner Frau Stefanie dort und traf vor der Kirche den ARD-Korrespondenten Claus Richter. Wir kannten uns und sprachen über die zugespitzte Lage. Vor der Kirche standen verschiedene Gruppen junger Menschen. Als er sich entschied, mit seinem Team für Dreharbeiten in die Lukaskirche zu gehen, lösten sich plötzlich Männer aus dieser Gruppe und stürzten dem Fernsehteam nach. Die rennenden Stasi-Mitarbeiter waren dermaßen offensichtlich auszumachen, dass uns die Situation sehr erheiterte.

Drinnen ist mir eine Ausstellung über Umweltschäden in sozialistischen Ländern erinnerlich. Solche Fotos, solche Texte hatte ich noch nie in meinem DDR-Leben gesehen.

Die Oppositionellen in der Lukaskirche erhielten prominente Unterstützung. Der geschätzte SPD-Politiker Erhard Eppler, ehemaliger Bundesminister für wirtschaftliche Zusammenarbeit, Vorsitzender der SPD-Grundwertekommission und einige Zeit auch Kirchentagspräsident in der Bundesrepublik, kam und diskutierte mit ihnen über das von Gorbatschow initiierte »Europäische Haus«. Und er stellte klar, dass man sich zunächst über eine Hausordnung einigen müsse und die erste Voraussetzung wäre natürlich, dass jeder jeden im Haus besuchen könne.

Erhard Eppler hatte einen Monat zuvor, am 17. Juni, im Bundestag – zum Jahrestag des Volksaufstandes in der DDR – eine Rede gehalten und war auf die Situation im Land und speziell auf die der SED eingegangen. Darin hatte er für deren Ablehnung von Gorbatschows Reformen ein schönes und einprägsames Bild gefunden. Er sagte sinngemäß, dass sich die Partei durch ihr Verhalten auf schmelzendem Eis befinde, und zog das Resümee: Wer sich da nicht bewege, werde dem kalten Wasser nicht entkommen.

Nur ein Vierteljahr später brachen die Genossen ein.

Kirchentag und Leipzig verband eine besondere Geschichte.

Ältere Staatssicherheitsmitarbeiter erinnerten sich vielleicht noch daran. Zur Hauptversammlung des letzten gesamtdeutschen Kirchentags 1954 (ebenfalls Anfang Juli in der Messestadt) auf der Rosentalwiese kamen 650 000

Menschen. Das blieb bis heute die größte protestantische Versammlung in Deutschland.

Der Deutsche Evangelische Kirchentag stand unter dem Motto »Fröhlich in Hoffnung«. Damals träumte die Mehrheit noch von der Wiedervereinigung der beiden Staaten. Da war viel Hoffnung nötig, um die Fröhlichkeit nicht zu verlieren.

An eine Wiedervereinigung dachte im Juli 1989 beim Kirchentag der sächsischen Landeskirche wohl kaum jemand.

Dass es zwischen der Kirchenleitung und den Basisgruppen teilweise Probleme gab, erlebte ich mit meiner Frau, als wir am 9. Juli an dem Abschlussgottesdienst mit 40 000 Besuchern teilnahmen. Der Gottesdienst fand auf dem Rennbahngelände im Leipziger Scheibenholz statt. Dass die kirchliche Veranstaltung auf solch einem Platz – wie auch auf dem Messegelände – genehmigt wurde, war für jene Zeit schon allerhand. Die Macht wich zwar keineswegs zurück, jedoch sollte nach draußen der Eindruck erweckt werden, die DDR stehe zur Religionsfreiheit. Rüdiger Minor, der Bischof der Evangelisch-Methodistischen Kirche, charakterisierte die Situation im Gespräch mit dem treffenden Satz: »Sie lassen etwas Dampf ab, erschrecken aber, wenn's pfeift!«

Kein Mensch auf der Wiese der Rennbahn ahnte, dass hier zum letzten Mal ein DDR-Kirchentag stattfand …

Am Eingang zum Kirchentagsgelände erhielten die Teilnehmer bunte Bänder. Eine Gruppe junger Leute hatte gegen Ende des Gottesdienstes diese Bänder verknüpft, hielt quasi ein farbiges Netz empor und lief langsam über die Wiese. Vornweg schlug einer eine chinesische Trauertrommel, und auf einem hochgehaltenen Transparent stand in Deutsch und Chinesisch das Wort »Demokratie«.

Evangelischer Kirchentag in Leipzig am 9. Juli 1989 auf der Rennbahnwiese.

Dies sollte an die grausame Niederschlagung der Demonstration auf dem Platz des Himmlischen Friedens erinnern. Es war das erste, völlig andere Transparent, das ich in der DDR sah. Ich war sehr beeindruckt von dieser Gruppe, die für mich auf besondere Weise das Bild vom »Menschenfischer« aus dem Neuen Testament beschwor.

Während die Gruppe langsam ihre Bahn zog, standen da und dort junge Leute auf, knoteten ihr farbiges Band an das ständig wachsende Netz. Schließlich zogen sie zur Bühne, und als sie vorn ankamen, schien es mir von weitem, dass ihnen das Mikrofon verwehrt wurde.

Es war auch so, dass auf der offiziellen Abschlussveranstaltung niemand aus dem Kreis um Wonneberger reden durfte, damit sich die Konfrontation mit dem Staat nicht zuspitzte.

Der dumpfe Schlag der Trommel tönte über den Platz,

auf dem sonst nur das Trommeln von Pferdehufen zu hören war. Dann lief die Gruppe zum Ausgang.

Der junge Mann rollte das Transparent aus Stoff zusammen und versteckte es unter seinem Hemd. Draußen stand ein Polizeiauto. Mit unbewegtem Gesicht berichtete ein Polizist über Sprechfunk von dem vor seinen Augen ablaufenden »Vorkommnis«.

Die Gruppe, mehrere hundert junge Menschen, bewegte sich inzwischen langsam über die Wundtstraße in Richtung Innenstadt. Nun wurde das Transparent wieder entrollt.

Ich bekam eine Gänsehaut, als ich diese Menschen unbeirrt zum Trommelschlag auf der Fahrbahn laufen sah.

Plötzlich sagte meine Frau: »Ich muss da mit!«

Wir schauten uns wortlos an. Ich war total verunsichert und traute mir das im Juli 1989 noch nicht. Seit acht Monaten waren Gunter Böhnke und ich ein selbstständiges Kabarett-Duo, spielten als Gäste im »academixer-Keller« und hatten in verschiedenen Orten des Landes Gastspiele. Wenn du jetzt hier mitgehst, dachte ich, dann hast du das letzte Mal Kabarett gespielt.

Stefanie knüpfte ihr Band an das bunte Geflecht und wurde von der Gruppe aufgenommen.

Mit unserem Sohn ging ich nach Hause, hatte Angst um meine Frau, dachte an Verhaftung oder gar Gefängnis.

Stefanie erzählte mir später, dass die Stasi – ein einmaliges Kuriosum – zu aller Überraschung mit der Straßenbahn kam, die Tür ging auf, und die Geheimdienstler entrissen den Demonstranten das Transparent, zogen sich sofort in die Bahn zurück und ließen die Tür schließen. Ein Teil der Protestler setzte sich für eine Zeit vor den Triebwagen.

Der weitere Weg in die Innenstadt war inzwischen von einer Polizeikette abgeriegelt worden.

Es wurde daraufhin in der Gruppe die Information

durchgegeben, dass man nunmehr zum Abschluss eine Andacht in der Peterskirche halten würde.

Der Zorn vieler junger Menschen gegen die Ignoranz der SED-Oberen wuchs und mit ihm die Zahl derer, die dem Land den Rücken kehrten. Als sich viele Ausreisewillige nach dem Friedensgebet auf dem Nikolaikirchhof versammelten und »Wir wollen raus!« riefen, hatte ich zwar Verständnis für deren Wunsch, teilte ihn aber nicht. Meine Sympathie und Zustimmung fand erst das Bekenntnis anderer junger Leute: »Wir bleiben hier!« Zählte ich mich doch auch zu jenen Menschen, die die Hoffnung noch nicht aufgegeben hatten, dass Veränderungen in diesem Land möglich sind.

Am 4. September 1989 erlebte ich zum ersten Mal mitten in der Stadt, im Nikolaikirchhof, ein mutiges Aufbegehren. Seit diesem Tag spricht man von Montagsdemonstrationen. Damals war Herbstmesse in Leipzig, und Fernsehjournalisten aus dem Westen konnten die Szenerie dokumentieren. Ich sah, wie in der versammelten Menschenmenge Demonstranten ein Transparent mit der Aufschrift »Reisefreiheit statt Massenflucht« hochhielten.

Ich war von ihrem Mut beeindruckt, doch schon stürzten Beamte in Zivil dorthin und rissen das Spruchband nieder, während Menschen ringsum ihren Unmut bekundeten.

Am nächsten Tag habe ich Roland Wötzel angerufen und ihn ganz naiv gefragt, wie ich die Aktion der Staatssicherheit verstehen soll: »Sind also die Sicherheitsorgane der DDR *für* Massenflucht?«

In dem Zusammenhang fällt mir eine Episode ein, die man sich in Leipzig in jenen Tagen erzählte: Ein Mann der Staatssicherheit habe seiner eigenen Frau ein Transparent entrissen.

Er hatte sie in seinem Eifer nicht erkannt ...

Die Nikolaikirche wurde jedenfalls das Zentrum aller Informationen. Ich ging oft zu jenem schwarzen Brett, zu der Informationstafel im Inneren des Gotteshauses, und erfuhr aktuelle Nachrichten, las Texte, die sonst nirgends standen: zum Beispiel über die Ereignisse in China. Draußen, hinter dem Gitter vor einem kleinen Fenster, konnte man die Namen von Verhafteten lesen. Dort hingen auch oft Blumen.

Als sich die Situation zuspitzte, bot ich Roland Wötzel meine Vermittlung an. Ich war in jenen Tagen in Leipzig vermutlich der einzige Parteilose, der mit einem Funktionär der Bezirksleitung über die Krise im Land sprach. Ich wählte diesen Weg, weil ich darin eine Chance sah. So konnte ich einem Vertreter der Macht meine Sicht, also die der anderen Seite, nahebringen.

Wenige Tage nach dem 9. Oktober sagte Wötzel in einem Podiumsgespräch: »Bernd ist so ein geistiger Anreger für mich geworden, und manche Schlacht tragen wir am Telefon aus, manche auch in einer ruhigen Atmosphäre bei einem Glas Rotwein, aber es sind fast immer Redeschlachten.« Es kam nie zu einem Bruch.

Irgendwann im September sagte ich zu Roland Wötzel: »Ihr müsst mit den Bürgerrechtlern reden!«

»Die verweigern sich doch und reden nicht mit der Partei.«

Ich ging ins Haus der Kirche in der Burgstraße und traf dort auf Ralf Elsässer, der in einer Umweltschutz-Gruppe arbeitete. Er sagte mir, dass die Basisgruppen der Kirche selbstverständlich zu einem Forum bereit wären.

Wötzel schwebte eine Diskussion im Hörsaal 19 der Karl-Marx-Universität vor. Ich warf ein, dass bei der Auswahl der Diskutanten garantiert sein müsste, dass die

Hälfte Mitglieder und Anhänger von Basisgruppen wären und die andere Hälfte entsprechende Vertreter der Partei.

Das wäre sozusagen ein vorgezogener großer »runder Tisch« gewesen.

In der Nähe von Berlin konstituierte sich am 10. September im Haus von Katja Havemann, der Witwe des Regimekritikers Robert Havemann, das Neue Forum. Schon 15 Tage später wurde es als »staatsfeindliche Plattform« verboten. Daraufhin zog sich Wötzel von unserer geplanten Veranstaltung zurück, denn als Parteifunktionär könne er nicht in einer Diskussion mitwirken, in der womöglich jemand aufstehen und sich mit »Müller, Neues Forum« vorstellen würde. Das verbiete ihm seine Parteidisziplin. Mit so jemand hätte er nicht öffentlich reden können. Obwohl Wötzel von unserer Idee Abstand nahm, blieb ich mit ihm in Kontakt.

Im Zusammenhang mit dem Neuen Forum ist eine Information interessant, die ich am 22. September 1989 in der Leipziger Volkszeitung las. In der »Mitteilung des Ministers des Innern« stand, dass ein »Antrag zur Bildung einer Vereinigung ›Neues Forum‹ eingegangen ist, geprüft und abgelehnt wurde.«

Und warum?

»Ziele und Anliegen der beantragten Vereinigung widersprechen der Verfassung der DDR und stellen eine staatsfeindliche Plattform dar.«

Erklärt wird natürlich nicht, wodurch sich diese »staatsfeindliche Plattform« auszeichne.

»Die Unterschriftensammlung zur Unterstützung der Gründung der Vereinigung war nicht genehmigt und folglich illegal.«

Als hätte eine legale Unterschriftensammlung je eine Chance gehabt!

Der Beitrag endete mit einem Satz, der mich sehr erheiterte: »Sie ist ein Versuch, Bürger der DDR über die wahren Absichten der Verfassung zu täuschen.«

Wie? Eine Unterschriftensammlung kann Bürger über »die wahren Absichten der Verfassung täuschen«?

Die Sache klärte sich schon am nächsten Tag in der LVZ mit einer »Berichtigung« auf: »... muß der letzte Satz richtig heißen: Sie ist ein Versuch, Bürger der DDR über die wahren Absichten der Verfasser zu täuschen.«

Logisch: Die Verfasser sind das Problem, nicht die Verfassung!

Am 22. September 1989 erhielten alle 1. Sekretäre der Bezirksleitungen der SED ein Fernschreiben von Erich Honecker, in dem gefordert wurde, dass »die feindlichen Aktionen im Keime erstickt werden müssen«.

Es gab abseits von engstirnigen Dogmatikern aber auch in diesem Milieu Menschen mit Zweifeln und Hoffnungen. Kurt Meyer und Roland Wötzel waren solche Funktionäre.

Meyer kann heute noch Biermann-Texte auswendig. Das hat mich im Nachhinein erstaunt. Die hat er ja nun schon ein paar Jahrzehnte im Kopf. Und er sagte mir, dass die Gespräche mit Leipziger Künstlern, von Malern über Schriftsteller bis zu Schauspielern oder Kabarettisten, nach und nach seine Sicht auf das System verändert haben: »Das ist doch klar. Da blieb immer was hängen. Und schließlich war mir klar: Die haben ja recht!«

Die beiden Funktionäre waren übrigens auch die einzigen Mitglieder der SED-Bezirksleitung Leipzig, die zu Konzerten in die Thomaskirche gingen.

Mit großer Verwunderung hatte ich in Gesprächen mit Roland Wötzel festgestellt, dass er erstaunlich bibelfest war. Er schätzte das Buch der Bücher als Quell der Weisheit, als Fundus menschlicher Erfahrungen und kluger

Gleichnisse. Dabei spielte für ihn der Apostel Paulus eine besondere Rolle.

Als ich einmal zum Superintendenten Johannes Richter sagte, dass, wäre Wötzel unter anderen Lebensumständen aufgewachsen, er durchaus hätte Superintendent werden können, Richter sofort meinte: »Und ein guter!«

Auf Funktionäre wie diese zwei setzte deshalb so mancher seine Hoffnung in Sachen Reformen. Oder auf Dietmar Keller, der auch eine Zeit in der SED-Bezirksleitung Leipzig arbeitete und den ich über meine Arbeit bei den «academixern« kennengelernt hatte. 1989/90 war er in der DDR-Regierung Kulturminister und von 1990 bis 1994 als Bundestagsabgeordneter Mitglied der Enquete-Kommission »Aufarbeitung von Geschichte und Folgen der SED-Diktatur in Deutschland«. Wegen seiner kritischen Sicht auf die DDR-Zeit wurde er nicht nur von »Tapeten-Hager« scharf angegriffen.

Kein Mensch dachte doch in den Tagen der DDR daran, dass machtvolle Demonstrationen die Geschichte des Landes so schnell beenden würden! Viele Menschen hofften auf die Reformkräfte in der Partei und konnten sich nur so eine Änderung des Systems vorstellen. Gorbatschow hatte es ja vorgemacht. Alexander Dubček war 1968 leider gescheitert. Das bedauerte ich bis zum Ende der DDR und kann mir auch heute noch vorstellen, dass die ČSSR auf dem Weg zu einer alternativen Gesellschaftsordnung war, die dieser Welt gutgetan hätte.

Im Sommer spitzte sich generell die Situation im Ostblock zu. In Ungarn geschah etwas Unfassbares: ein Land des Warschauer Paktes – wir rieben uns alle die Augen und konnten es nicht fassen – öffnete die Grenze zu Österreich!

Ungarn, jenes Land, das wir scherzhaft immer als »die

fröhlichste Baracke im sozialistischen Lager« bezeichnet hatten, machte Ernst mit der Freiheit. Und plötzlich erschien uns der Warschauer Pakt nicht mehr als ein Betongebilde.

Unauslöschlich prägte sich mir dieses Bild ein: Scheinbar unüberwindbarer Stacheldraht lässt sich relativ mühelos mit einer Schere zerschneiden!

Das haben uns Gyula Horn und Alois Mock am 10. September 1989 an der österreichisch-ungarischen Grenze zu unser aller Freude vorgemacht. Und ich hatte das Gefühl: Jetzt beginnt der Eiserne Vorhang nicht nur zu rosten, jetzt beginnt er sogar zu verschwinden!

Nach Jahrzehnten des Stillstands im Ostblock und nach dem Weckruf aus Polen, wo im Jahr 1980 die erste freie Gewerkschaft Solidarność gegründet worden war, geriet der Warschauer Pakt in Bewegung.

Und es ging weiter. Im September sahen wir die Fernsehbilder aus Prag. Junge Paare, Deutsche aus der DDR, zumeist in Jeans aus dem Westen, kletterten über den Zaun der Botschaft der Bundesrepublik Deutschland. Sogar Kinderwagen wurden darübergehoben und kleine Kinder über die metallenen Spitzen gereicht.

Es gab nun plötzlich Republikflüchtlinge aus der DDR im sozialistischen Nachbarland ČSSR – unvorstellbar!

»Republikflucht« war ja bekanntlich in der DDR ein Straftatbestand, wurde sozusagen wie Fahnenflucht behandelt. Wer es versuchte und dabei gefasst wurde, kam ins Gefängnis. Man durfte diese Republik, die angeblich alles für das Volk tat, nicht verlassen. Dabei hatte niemand einen Schwur oder Eid auf diesen Staat geleistet. DDR-Bürger waren sozusagen Leibeigene der »Partei- und Staatsführung«. Eine Art kommunistischer Feudalismus.

Absurderweise wurden dann aber diese Republikflüchtlinge aus Prag, auf die man an der Grenze geschossen hätte und die bei dem illegalen Versuch, das Land zu verlassen, im Knast gelandet wären, mit Zügen der Deutschen Reichsbahn in die Bundesrepublik befördert.

Der von mir sehr geschätzte tschechische Schriftsteller Pavel Kohout wurde von der kommunistischen Führung 1979 ausgebürgert, also regelrecht aus seinem Heimatland geworfen. Er schreibt in seinen Memoiren »Mein tolles Leben mit Hitler, Stalin und Havel«, dass er seine Nation nicht mehr verstand, dass »die Besetzung der westdeutschen Botschaft in Prag durch Tausende Flüchtlinge seine Landsleute nur dazu inspirierte, sich der verwaisten Wartburgs und Trabants anzunehmen«.

Das muss man sich einmal vorstellen! Was geht in Menschen vor, denen plötzlich der heiß ersehnte Trabant oder Wartburg, auf den sie zehn bis siebzehn Jahre (je älter die DDR wurde, umso länger musste man sich gedulden) gewartet hatten, schnurzpiepegal war. Denn im September 1989 ließen jene Menschen tatsächlich ihre Autos, die sie liebevoll gepflegt, an denen sie herumgewienert, gebastelt und gefriemelt hatten, einfach in den engen Straßen auf der Kleinseite (damals gab es ja dort noch reichlich Parkplätze!) stehen.

Die dort am Palais Lobkowitz über den spitzen Zaun kletterten, hatten jegliche Hoffnung aufgegeben und ließen für die künftigen Besitzer den Zündschlüssel im Schloss stecken. Die verwaisten Autos symbolisierten auf besondere Weise, wie materielle Dinge ihren Wert verlieren, wenn es um ideelle geht.

Aber in jenem September 1989 wurden nicht nur DDR-Kraftfahrzeuge am Straßenrand zurückgelassen, es eroberten sich Menschen die Straße während der Leipziger Montagsdemonstrationen.

Wernhild Ruhland war Hochschullehrerin für Mathematik an der Ingenieurschule Deutsche Post Rosa Luxemburg unweit meiner Wohnung in der Leipziger Südvorstadt. Sie erzählte mir, dass der Parteisekretär dieser Bildungseinrichtung im Gegensatz zu seiner marxistischen Überzeugung kurioserweise Gottlob hieß.

Manchmal klingt die Wahrheit wie ein gut erfundener Gag.

Über den Schulfunk hörte sie ihn in jenen Herbsttagen sagen: »Wer zu den Demos geht, ist nicht würdig, an dieser Ingenieurschule Lehrer oder Student zu sein.«

Aber gottlob musste sich der Genosse nicht mehr lange über die «Unwürdigen» ärgern, die Tage seines Berufsstandes waren ohnehin gezählt ...

Am 25. September machte ich mir nach dem Friedensgebet ein Bild von der Stimmung am Nikolaikirchhof. Rings um das Gotteshaus standen viele Menschen in gespannter Erwartung. Natürlich war auch Polizei vor Ort. Gab es Angst? Selbstverständlich. Erich Kästner schrieb darüber: »Wenn einer keine Angst hat, hat er keine Phantasie.« Die Demonstranten hatten genügend Phantasie, aber die Angst ließ im Herbst 89 von Woche zu Woche nach, und der Mut nahm zu. Auch in der benachbarten Grimmaischen Straße stand Mensch an Mensch.

Ich hatte an jenem Abend noch eine Verpflichtung und lief von dort zur Straßenbahnhaltestelle an der Hauptpost. Als ich in der Bahn saß, blickte ich zurück über den Platz und sah, so breit wie die Straße, eine lebende Wand. Die Menschen kamen aus der dunkleren Grimmaischen Straße und standen plötzlich im Licht der Goethestraße. Es war ein unglaubliches Bild, wie sich die Menschen bedächtig, aber bewusst zum ersten Mal anschickten, die Innenstadt zu verlassen, und – wie ich später erfuhr – schließlich sogar den Ring eroberten und in Richtung Hauptbahnhof liefen.

Der Mut der ersten Reihe. Ein unvergessliches Bild.

Der Schritt auf den Leipziger Ring war sozusagen der Anfang des Wegs in die Demokratie.

Gemeinsam gingen Frauen und Männer, die sich mit ihrem unbekannten Nachbarn auf der Straße solidarisch verbunden fühlten. Ich entsinne mich, dass bei einer Runde um den Ring neben mir jemand seinem Nachbarn versehentlich auf den Fuß trat und sich entschuldigte. Und der sofort beschwichtigend reagierte: »Das macht doch nichts!«

Eine Banalität im Angesicht der Ereignisse.

Viele beherrschte wohl innerlich ein Gefühl in der Art »Alle Menschen werden Brüder«.

An der Stelle ein paar Sätze zur Besonderheit des Rings in der Messestadt: Wenn ein Leipziger in die Stadt geht, dann meint er das Zentrum innerhalb dieser Straßenführung.

Als vor langer Zeit die Stadtmauer fiel, wurde das frei werdende Terrain zum Glück nicht gleich bebaut, sondern an vielen Stellen begrünt. Es entstand eine Promenade, die teilweise von parkähnlichen Anlagen flankiert wird. Und auf diesem Promenadenring promenierten schließlich im Jahr 1989 Tausende.

Fachleute behaupten, Menschen würden sich innerhalb eines Kreises seit Urzeiten beschützt fühlen, ahnen instinktiv, dass ein Ring Geborgenheit suggeriert. Ein Kreis steht für das Einschließende. Der Freundeskreis, der Ehering, die Runden Tische und letzlich auch der Sternenkranz der Europaflagge.

Menschen hoffen, dass im Kreis eine neue Harmonie entsteht – wie das eben auch unter den Demonstranten auf dem Leipziger Ring der Fall war …

Aber zurück zur Nikolaikirche. Um jenen eine Vorstellung zu geben, die sie nicht kennen: In der Kirche fällt als Erstes die ungewöhnliche Helligkeit auf. So viel Weiß strahlt selten in einem Gotteshaus, das Ende des 18. Jahrhunderts von einer gotischen Hallenkirche zu einem klassizistischen Raum umgestaltet wurde. Die Säulen münden in die Wipfel von Palmen. Symbole für Frieden. Zartes Grün ist im Raum zu sehen, aber auch Rosé.

Dieser Kirchenbau zog im Herbst 1989 Alt und Jung in seinen Bann.

Christian Führer, der Pfarrer an der Nikolaikirche, erzählt in seinem Buch »Und wir sind dabei gewesen« eine geradezu absurde Anekdote nach einem Friedensgebet. Die Menschen strömten aus dem seitlichen Eingang, da der Haupteingang wegen Bauarbeiten geschlossen war. Kaum war die erste Gruppe von Menschen auf dem Platz, da rief schon ein Polizeioffizier durch das Megaphon: »Bürger, lösen Sie sich auf!«

Das wäre der Staatsmacht am liebsten gewesen, wenn sich alle potenziellen Protestierenden sofort in Luft aufgelöst hätten. Aber diese Körper blieben, und nach dem physikalischen Prinzip »Wo ein Körper ist, kann kein zweiter sein« versuchte dann die Macht, jene zu eliminieren, die da standen. Es gab brutale Verhaftungen. Nach diesem Tag wurde ausgemacht, dass die Verhafteten vom LKW ihren Namen zu den Untenstehenden riefen. So wusste man, wen es getroffen hatte. Das Pfarramt hatte einen Überblick, und diese Namen wurden auch an der Infowand in der Kirche veröffentlicht.

Warum spielte gerade Leipzig – neben Plauen und Dresden – so eine besondere Rolle für die Friedliche Revolution?

Neben den wichtigen Forderungen nach Rede-, Reise-

und Pressefreiheit, also nach allen demokratischen Selbstverständlichkeiten, war auch der Zustand der Stadt ein Grund.

Leipzig war in den Jahrhunderten immer eine stolze Bürgerstadt gewesen. Nach vierzig Jahren DDR wohnten die Menschen in Häusern, deren Fassaden verfielen und durch deren Dächer es vielerorts hereinregnete. Die Partei hatte sogar – ohne Scham dabei zu empfinden – im Land ein »Dächer-dicht-Programm« ins Leben gerufen. Und trotzdem tröpfelte es weiter in die Räume. Häuser wurden letztlich abgerissen, weil ein paar Dachziegel, Dachrinnen oder Fallrohre fehlten.

Der Titel eines Dokumentarfilms, der im westdeutschen Fernsehen ausgestrahlt wurde, hatte, als Frage formuliert, absolut seine Berechtigung: »Ist Leipzig noch zu retten?«

Eine der banalsten Losungen der DDR lautete: »Die Zukunft gehört dem Volk!«

Ja, wem denn sonst? Das Volk begann nun mehr und mehr, seine Geschicke selbst in die Hand zu nehmen. Jahrzehntelang hörten wir »Plane mit, arbeite mit, regiere mit!« Ein pfiffiger Bürger hatte dafür einen bildlichen Gag gefunden, um das zu illustrieren. Wenn man die mittleren drei Finger der rechten Hand bis zum Anschlag auf eine Tischplatte legte (Daumen und kleinen Finger darunter), dann konnte man noch den Zeige- und Mittelfinger anheben. Der Ringfinger allerdings, der für »Regiere mit« stand – der bewegte sich nicht ...

Und nun war das Volk dabei, das Mitregieren in Angriff zu nehmen. Die Funktionäre sahen es mit Entsetzen und dachten: »Aber doch nicht so!« oder »So war das nicht gemeint!«

An Geschäften hing immer mal ein Schild »Diese

Versorgungseinrichtung bleibt wegen Inventur geschlossen.«

Diese Generalinventur betraf nun das gesamte Leben in der DDR.

Am 2. Oktober hatte ich mit Gunter Böhnke einen Auftritt, und meine Frau Stefanie ging allein zur Demo. Als Notproviant packte sie eine Tafel Schokolade, ein Päckchen Zwieback und eine Schachtel Zigaretten in ihren kleinen Lederrucksack. Sie erzählte mir anschließend, wie sie plötzlich zum ersten Mal die geballte Polizeimacht erlebt hatte. Polizisten mit Helmen, Schilden und überlangen Schlagstöcken. Sie ähnelten riesigen Playmobilfiguren, aber das war alles andere als ein Spiel.

Die Polizisten standen da und begannen auf die Schilde zu klopfen. Mit diesem bedrohlichen Geräusch sollten die Leute eingeschüchtert werden. Dann setzten sich die Uniformierten in Trab und meine Frau mit einer Bekannten, die sie dort getroffen hatte, ebenso. Zum Glück hatte Stefanie schon vorsichtshalber ihre – wie man auf gut Sächsisch sagte – »Rennsämmln« angezogen, also jene Schuhe, in denen sie am besten laufen konnte.

Auch an diesem Abend kam es wieder zu Verfolgungen, Verhaftungen und Tätlichkeiten durch Sicherheitskräfte. Polizisten mit Hunden waren im Einsatz.

An diesem 2. Oktober wurde der Gewandhauskapellmeister Kurt Masur am Abend in einem ARD-Interview von Claus Richter gefragt, wie er sich fühle, wenn in der DDR auf der Straße so rigoros gegen Demonstranten vorgegangen werde. Masur sagte: »Ich schäme mich.«

Ein Prominenter der DDR schämte sich öffentlich für seinen Staat.

Das war in dieser Deutlichkeit für damalige Verhältnisse schon außergewöhnlich.

In jenen Tagen sagte mir Roland Wötzel nachdenklich in einem Gespräch, einen Begriff aus dem Skatspiel aufgreifend: »Jetzt geht's um die Ganzen!«

So war es. Es war mit Händen greifbar, dass Veränderungen in der Luft lagen. Nur über das Wie und Wo musste man noch rätseln.

An diesem 2. Oktober hatte der Protest in Leipzig eine neue Dimension erreicht: Etwa zehntausend Menschen demonstrierten über den Ring. Die Leipziger Volkszeitung schrieb einen Tag danach: »Am Montagabend kam es in der Innenstadt erneut zu einer ungesetzlichen Zusammenrottung größerer Personengruppen, die die öffentliche Ordnung und Sicherheit störten und den Straßenverkehr der Innenstadt beeinträchtigten …«

Ich las die Meldung nicht ohne Erheiterung: Zehntausend Demonstranten waren also im Parteijargon eine »größere Personengruppe«.

Als ich kurz danach einen Termin bei Roland Wötzel hatte, war ein Staatsanwalt zugegen. Er wollte meine Argumente erschüttern, mit denen ich die Demonstranten verteidigte. Der Staatsanwalt versicherte mir pausenlos, dass es sich bei diesen Leuten durchweg um zwielichtige Personen handeln würde, und führte als Beispiel einen Mann an, der als Alkoholiker mit Entzugserscheinungen ins Haftkrankenhaus eingeliefert worden sei. Von bezahlten Rufern des Klassengegners wurde mir berichtet und von anderen lichtscheuen Typen.

Ich fragte die beiden, ob sie tatsächlich glaubten, dass nur solche Leute dort zu finden wären, und dachte darüber nach, ob Wötzel von den entsprechenden Organen nur in diesem Stil informiert wurde. Der Staatsanwalt sagte in unserem Gespräch: »Bei keinem der Einsätze ist auch nur ein Schlagstock benutzt worden, aber am 2. Oktober sind vierundsechzig Polizeimützen durch die Luft geflogen.«

Vierundsechzig fliegende Polizeimützen – welche Tragik! Dass man sich bei aller Hektik noch die Zeit genommen hatte, sie zu zählen, war wieder typisch für die DDR-Sicherheitskräfte. Ordnung muss sein!

Was war passiert?

Um den Zug der Massen aufzuhalten, mussten Bereitschaftspolizisten an jenem 2. Oktober auf dem Ring eine Kette bilden. Um sozusagen eine »undurchdringliche Mauer« aus Menschen zu errichten, verschränkten sie die Arme hinter dem Rücken und fassten jeweils die Hände des Nachbarn.

Einige Demonstranten nahmen den dadurch nahezu Wehrlosen die Kopfbedeckungen ab und funktionierten sie zu flachen Wurfscheiben um.

Das war die einzige »Gewalt«, die den armen Grünuniformierten während der Friedlichen Revolution in Leipzig widerfahren ist …

Ob auch die von den Leipzigern abgedrehten Uniformknöpfe erfasst wurden, entzieht sich meiner Kenntnis – aber anzunehmen ist es. Dass man an diesem Abend keine Schlagstöcke benutzt hätte, war eine glatte Lüge, denn selbst in der LVZ stand: »Der Einsatz von Hilfsmitteln der Deutschen Volkspolizei war unumgänglich.«

Was wohl »Hilfsmittel der Deutschen Volkspolizei« sind? Vielleicht Kochlöffel, Rechenschieber oder Pflanzhölzer?

Es wurde ziemlich laut im Büro des Sekretärs.

In diesem Gespräch fragte ich die beiden auch, was denn nun eigentlich am Neuen Forum »staatsfeindlich« wäre? Da meinten sie, das wisse man im Moment noch nicht, aber wenn es das Ministerium des Innern so eingeschätzt habe, dann habe das schon seine Richtigkeit. Sie würden auf diese Entscheidung vertrauen.

Da war sie wieder, die Parteidisziplin, die mir damals

bei so vielen Genossen rätselhaft erschien, vor allem bei so intelligenten Leuten wie Wötzel. Mitunter fügte man sich – trotz aufkeimender Skepsis und tröstete sich nach dem Motto »Die Genossen werden sich schon etwas dabei gedacht haben«.

Der »revolutionäre Elan«, von dem in der DDR immer wieder geredet wurde, nun erlebten ihn die Machthaber auf ganz andere Weise. Otto Künnemann, manch einer wird den Autor durch seine Leipzig-Bücher kennen, beschrieb mir in einem Brief, wie er nach einer Demo vom Neuen Rathaus aus in Richtung Schleußig lief. Als er am Bezirksgericht vorbeikam, dort hatte er in den sechziger Jahren als junger Mann vom 1. Strafsenat wegen politischer Äußerungen und Witzen sein Urteil »18 Monate ohne Bewährung« bekommen, übermannte ihn die Erinnerung an jene Jahre, und er brüllte vor dem Gebäude: »Freiheit!«

Vielleicht hat das ja drinnen sogar jemand gehört, gestutzt und gefragt: »Hat da nicht jemand ›Freiheit‹ gerufen?«

Und der Angesprochene antwortete: »Kann sein. Heutzutage ist alles möglich.«

Wie wir wissen, verhallte Otto Künnemanns Ruf nicht ungehört. Ein paar Wochen später war sie da …

Mit jedem Tag im Oktober spitzte sich aber erst einmal die Situation in Leipzig zu. Am Freitag, den 6. Oktober, wollte die Leipziger Volkszeitung auf ihre Art helfen, die Bürger der Stadt einzuschüchtern, erreichte aber genau das Gegenteil. Unter der Überschrift »Werktätige des Bezirkes fordern: Staatsfeindlichkeit nicht länger dulden«.

Die Bezirksleitung der Partei hatte sich eine Leserzuschrift organisiert bzw. selbst geschrieben und den Namen eines Kampfgruppenkommandeurs benutzt. Seine Truppe war am 1. Mai, so erzählte man, ausgezeichnet worden.

In dem Brief hieß es zum Beispiel: »Wir sind bereit und willens, das von uns mit unserer Hände Arbeit Geschaffene wirksam zu schützen, um diese konterrevolutionären Aktionen endgültig und wirksam zu unterbinden.«

Das ist besonders absurd, denn der Schreiber tut so, als wollten die Demonstranten das Geschaffene zerstören, als hätten sie nicht daran mitgearbeitet. Und über den volkseigenen Ring der Heimatstadt zu laufen – das war also schon eine »konterrevolutionäre Aktion«!

Anschließend folgt die schlimmste Drohung, die es gibt: »Wenn es sein muß, mit der Waffe in der Hand!«

Damit sollte Angst erzeugt werden. Erregt rief ich einen mir bekannten Redakteur der LVZ an, um ihm zu sagen, dass dies der letzte Grund für mich wäre, die Zeitung abzubestellen. Er hatte den Beitrag noch gar nicht gelesen, blätterte, suchte und meinte dann zögerlich: »Ich verstehe das als eine Warnung, aber das ist kein Gespräch fürs Telefon.«

Der Leipziger Theologe Peter Zimmermann schrieb an Erich Honecker einen Protestbrief. Eine Abschrift des Schreibens gelangte über die LVZ an die SED-Bezirksleitung zu Jochen Pommert, der für die Presse im Bezirk zuständig war. Roland Wötzel, Sekretär für Wissenschaft, also zuständig für Mitarbeiter der Karl-Marx-Universität, sollte am Montag, den 9. Oktober mit Peter Zimmermann darüber reden.

Zimmermann war Mitglied der CDU und hatte wenige Tage zuvor die »Ehrenmedaille zum 40. Jahrestag der DDR« verliehen bekommen. Die gab er nach diesem bedrohlichen Leserbrief zurück, der seiner Überzeugung nach allein durch einen Beschluss des Sekretariats der SED-Bezirksleitung zum Abdruck gekommen war. Und das Sekretariat »bringt mit dieser Stellungnahme zum Ausdruck, dass es die uns alle bisher verbindende Arbeit für die politisch-moralische Einheit aller Staatsbürger nicht fortsetzen, sondern politische Fragen durch die Bereitschaft zum Einsatz von Waffen lösen will. Damit ist der Wille zur Zusammenarbeit mit Bürgern wie mir durch die SED aufgekündigt.«

Und er weist darauf hin, dass es doch wohl nicht sein kann, dass »meine politischen Überlegungen und Entscheidungen vorrangig durch die Angst vor Kampfgruppen und Polizei bestimmt sein müssen«.

Mit Waffen drohen – das also sollte «wirksam unterbinden« bedeuten. Weiter hieß es in dem Leserbrief: »Wir sprechen diesen Elementen das Recht ab, für ihre Zwecke Lieder und Losungen der Arbeiterklasse zu nutzen.«

Was war der Anlass für diese Replik?

Die »Elemente«, also die Demonstranten, hatten auf dem Ring zum wiederholten Male spontan »Völker hört die Signale« gesungen.

»Letztlich versuchen sie damit nur ihre wahren Ziele zu verbergen.«

Wie kann man mit der »Internationale« ein »wahres Ziel« verbergen?

Und wie stand nun der »Kommandeur Günter Lutz«, der »im Auftrag der Kampfgruppenhundertschaft ›Hans Geiffert‹« diesen Text angeblich für die LVZ geschrieben hatte, zu seinem Brief? Einige dachten, dass es sich bei Lutz nur um eine erfundene Figur handeln würde, aber es stellte sich später heraus, den Mann gab es tatsächlich. Er hatte es im VEB Baukombinat Leipzig vom Kraftfahrer bis in die Kombinatsleitung geschafft.

Die Initiative zu dem Brief ging aber nicht von ihm aus.

Als Roland Wötzel den Text in der Leipziger Volkszeitung las, wurde ihm endgültig klar, dass er solch eine Politik nicht mehr mit verantworten konnte.

Nun erreichte das Aufbegehren in unserer Stadt ein ungekanntes Ausmaß. Es war also nicht mehr ausgeschlossen, dass auf die Demonstranten auf dem Ring auch geschossen werden könnte. Die Drohung war mehr als deutlich, und ich hatte Angst, dass es in meiner Heimatstadt Tote geben könnte.

Der Karl-Marx-Platz eine ähnliche Kulisse wie der Platz des Himmlischen Friedens?

Unvorstellbar, aber nicht mehr unmöglich.

Deshalb war meine Überlegung schlicht und einfach: Roland Wötzel war als Funktionär der SED-Bezirksleitung ein Vertreter der Macht. Und wer die Macht hat, kann sie auch nutzen, um das Schlimmste zu verhindern. Ich wollte versuchen, mit ihm einen Beitrag zur Entspannung zu liefern. Ich konfrontierte ihn mit Tatsachen aus diesem Land, die er so nirgends in seinem Umfeld hörte. Er hat später einmal gesagt, die Gespräche mit mir hätten seine Sicht auf die Verhältnisse in der DDR verändert. In einem Text im »Magazin« vom Januar 1990 sagte er: »Bernd-Lutz fängt so ganz harmlos an und endet meist in einem dialektischen Umschlag, mit dem er mir Wahrheiten über unsere Politik vor die Füße knallt.«

Auch mit seinen beiden Töchtern gab es in jenen Tagen Auseinandersetzungen, sie zählten ebenfalls zu den Demonstranten und besuchten auch die Friedensgebete in der Michaeliskirche.

Am 7. Oktober, dem Tag der Republik, zeigte sich dieser Staat von seiner hässlichsten Seite. Christian Führer schreibt in seinem Buch »Und wir sind dabei gewesen«, über Menschen, die sich am Abend auf dem Nikolaikirchhof aufhielten: »Sie standen in Gruppen und wirkten wie Touristen, die sich den Platz und die Kirche mit einer gewissen Neugier anschauten ... Schon an ihrer Körpersprache und den Blicken hoch zu den Kirchenfenstern konnte ich erkennen, dass sich die Leute darüber unterhielten, was in den letzten Wochen hier vor sich gegangen war ... Wie aus dem Nichts erschienen Uniformierte. Weiße Helme. Bereitschaftspolizei ... Ohne jeden Anlass drängte das Einsatzkommando die Menschen vom Platz. Knüppel und Hunde wurden eingesetzt gegen Menschen, die sich eben noch unterhalten hatten ... Die Uniformierten schlugen auf die Umstehenden ein. Einen nach dem anderen zerrten sie mit sich ... Viele dieser Menschen da unten waren ja erst durch den Polizeieinsatz zu Demonstranten geworden. Ihr Tag in Leipzig hatte den Markttagen und einem Besuch in der Kirche oder bei Freunden gegolten.«

An diesem 40. Jahrestag der DDR kam es in der Leipziger Innenstadt immer wieder zu Verhaftungen. Etwa 200 Demonstranten sperrte man auf der agra, dem landwirtschaftlichen Ausstellungsgelände, in Ställe ein.

»Alles für unsere Republik.«

Am Sonntag, den 8. Oktober gab es durch Pastor Gerhard Riedel in der evangelisch-methodistischen Kreuzkirche, zu deren Gemeinde ich gehöre, ein Fürbittgebet für die Eingesperrten.

An jenem Sonntag rief mich Roland Wötzel aus seiner Wohnung an und fragte mich, wie es mir gehe. »Schlecht«, sagte ich und kam sofort auf die Polizeieinsätze vom Vortrag in Berlin und Leipzig zu sprechen. Seine Stimme erschien mir besorgt und verzweifelt. Noch einige Tage zuvor hatte er in seinem Büro mit einer für mich geradezu extremen Gläubigkeit auf ein Zitat von Honecker verwiesen und mir in beschwörender Weise aus dem »Neuen Deutschland« vorgelesen, dass »wir zu qualitativ neuen Schritten in der Lage sind«. Mit der Hand klopfte er bei jeder Silbe zur Bekräftigung seiner Hoffnung auf den Schreibtisch. Das Wunder war unterwegs. Er wartete auf die erlösenden Sätze aus Berlin. Auf Einsichten. Doch von dort wurde einfach kein neues Schrittmaß vorgegeben.

Die Führung in Berlin blieb stumm.

Es musste aber etwas geschehen.

Wir verabredeten, dass ich Roland Wötzel am Montag, 14 Uhr, anrufen sollte und wir gemeinsam etwas unternehmen wollten. Er trug sich mit dem Gedanken, mit mir in die Nikolaikirche zu gehen und die Besucher des Friedensgebetes anzusprechen.

Ich sagte ihm, dass vor allem auch die Leute draußen angesprochen werden müssten. Und dann fügte ich noch hinzu: »Das Beste wäre eine genehmigte Demonstration ohne Anwesenheit von Polizei!«

Diesen Satz kommentierte er am Telefon nicht.

Der entscheidende Tag

Der Schriftsteller Rolf Schneider hat für den 9. Oktober 1989 zwei Zahlen recherchiert, die Zeitgeschichte widerspiegeln. Im Neuen Deutschland zählte er an diesem Tag achtundzwanzig Fotos von Erich Honecker. Sie dokumentierten die Berichterstattung über den Festakt zum vierzigjährigen Bestehen der DDR. Und dem stellt er gegenüber: »Die Zahl der an diesem Tage aus der DDR über Ungarn in die Bundesrepublik Deutschland geflüchteten Menschen betrug tausendachthundertsechsundvierzig.«

Die Stimmung in Leipzig am 9. Oktober war von einer bleiernen Anspannung.
 Ein Gefühl wie – Angst vor einer Prüfung. Allerdings einer Prüfung, die mit Gefahr für Leib und Leben verbunden sein könnte. Die Menschen waren bedrückt, unruhig, aufmerksam. Allen war, volkstümlich gesagt, sehr mulmig zumute. Sie rechneten mit dem Schlimmsten.
 Man erzählte sich so allerlei in der Stadt. Polizei, Armee und Kampfgruppen sollten sich formieren, von Bereitschaftsdiensten der Ärzte und Schwestern war die Rede, von Notbetten in Krankenhäusern und der erhöhten Bereitstellung von Blutkonserven ...
 In nunmehr vier Kirchen fanden an diesem Tag die Friedensgebete statt. Erstmals öffnete die Thomaskirche ihre Türen.

Ich will in diesem Kapitel auch Freunde und Bekannte mit ihren Erinnerungen an jenen Tag zu Wort kommen lassen. Angelika Richter war damals Solistin am Theater Altenburg und fuhr nach der vormittäglichen Probe zurück nach Leipzig. Im Zug saßen Armeeangehörige. Keiner sprach mit dem anderen. Eine bedrückende Stille. Einer bot ihr seinen Platz an. Sie fragte ihn: »Wo fahrt ihr hin?«
»Nach Leipzig.«
»Das kann ja heute gefährlich werden.«
»Das will ich mir lieber nicht vorstellen.«
Sie lief vom Hauptbahnhof über den Sachsenplatz. »Es war noch relativ warm in diesen Oktobertagen. Eine dumpfe Atmosphäre in der Stadt. Stille. Als wäre ein Deckel drüber. Die Welt in Watte gepackt. Gespenstisch. Bedrückend.«
Ihr Vater erinnerte sie im Gespräch an die Geschichte, an den 17. Juni 1953, an den Aufstand 1956 in Ungarn, an den Einmarsch 1968 in Prag. Er hatte Angst um sie. Angelika musste ihm in die Hand versprechen, dass sie an diesem Tag nicht zur Demonstration geht. »Ich habe mich auch daran gehalten.«
Und ihr kommt noch die originelle Analyse ihrer Großmutter in den Sinn: »Honecker ist nicht der richtige Mann für so ein großes Reich.«

Pastor Gerhard Riedel von der Kreuzkirchgemeinde hat auf meine Frage nach dem Gefühl, das ihm am 9. Oktober erfüllte, sofort zwei Wörter parat: »Unruhig und aufregend. Ich bin an dem Tag nachmittags kreuz und quer durch die Stadt gelaufen, war nicht im überfüllten Friedensgebet, um mir draußen ein Bild zu machen und darüber zu berichten. Wir haben uns ja sonst immer nach diesen Gottesdiensten in der Wohnung von Christian Führer oder Friedrich Magirius getroffen, um die Situation auszuwerten.«

Andreas Schwarzer arbeitete als Arzt in der Robert-Koch-Klinik. Er sagte an jenem Montag zu seinem Chef: »Herr Professor, ich möchte heute gern mal eher gehen.«

»Was haben Sie denn Schönes vor?«

»Ich muss heute in die Stadt.«

Der Professor sah ihn etwas besorgt an und antwortete: »Nun ... dann hoffe ich nur ..., dass Sie morgen wieder da sind.«

Die Sorge war berechtigt, denn in der letzten Zeit war es immer wieder zu Verhaftungen gekommen. Es war aber klar, dass die Menschen trotz ihrer Angst demonstrieren würden.

Am frühen Abend zogen Tausende »in die Stadt«, also ins Zentrum, auf die Straße.

»So kann es nicht weitergehen!«

Diese Feststellung beherrschte alle. Jeder spürte, wenn er jetzt nachließe, würde sich in diesem Land nie mehr etwas ändern. Die zunehmende Hetze gegen die Demonstranten, die Verunglimpfung als Rowdys und feindliche, negative Elemente führten dazu, dass sich die sächsische Volksseele empörte.

Axel Dietrich studierte 1989 an der Ingenieurschule für Maschinenbau. Der Rektor dieser Bildungseinrichtung ließ verkünden, dass alle, die an der Demonstration teilnehmen würden, mit der Exmatrikulation rechnen müssten. Und trotzdem machten sich Axel und seine Kommilitonen auf, steckten für alle Fälle die Zahnbürste in die Windjacke. Ja, sie riskierten noch mehr, indem sie im Raum für den Konstruktionsunterricht die Reißbretter so geschickt hochstellten, dass sie im hinteren Teil, für den Betrachter nicht einsehbar, auf einem Brett Losungen für die Demo schreiben konnten. Später zogen sie sogar heimlich auf dem Kopierer der Partei Blätter vom Neuen Forum ab. Wären sie entdeckt worden, hätte das erheblichen Ärger gegeben.

Von Beate Bahnert erfuhr ich die zwei folgenden Anekdoten. Sie arbeitete damals im Verlag Koehler & Amelang am Markt. Und sie konnte jene legendären jungen Herren in Jeans und Windjacken, die der Volksmund als Mitarbeiter des VEB Horch und Guck enttarnte, von ihrem Fenster aus sehen, wie sie auffällig unauffällig herumstanden und ihr schweifender Blick die Umgebung nach eventuellen Provokationen absuchte.

Wenn jene Genossen am 1. Mai zum Schutz der Ehrentribüne eingesetzt wurden, hatten sie für drohende Wetterumschwünge immer einen Knirps bei sich. Deshalb nannte sie der Volksmund »die Knirpskolonne«.

In jenen aufregenden Herbsttagen kamen zwei Stasi-Leute in den Verlag. Beate Bahnert war gerade nicht im Haus. Die Windjackenträger hatten vom Markt aus etwas in ihrem Fenster entdeckt. Ein Plakat vielleicht mit einer kritischen Zeichnung?

Dem wachsamen Blick der Tschekisten war jedenfalls die papierne Provokation an der Glasscheibe nicht entgangen. Obwohl sich das Fenster im dritten Stock befand!

Die Männer betraten das Büro und konfiszierten das Blatt, das Beate Bahnert an die Scheibe geklebt hatte. Und womit hatte sie provoziert?

Mit einem Schmetterling, den ihr Sohn mit Buntstiften gezeichnet hatte.

Beate Bahnert dachte, als sie davon erfuhr, was müssen diese Menschen für Angst haben, wenn sie sich schon von einem Schmetterling bedroht fühlen …

Und die zweite Geschichte?

In der Leipziger Innenstadt wurden in jenen Tagen die Markttage veranstaltet. Die Musik dudelte so laut, dass man sich kaum auf die Arbeit konzentrieren konnte. Was damals den Bürgern nicht bekannt war: es gab eine Anordnung unter dem Leitgedanken: »Volksfestcharakter um jeden Preis gewährleisten!«

Eben so tun, als ob alle unbedingt vierzig Jahre heile DDR-Welt feiern wollen. Alles gut, Friede, Freude, Eierkuchen (die zumindest waren ja keine Mangelware …).

Beate Bahnert ging mittags mit Arbeitskollegen zum Sachsenplatz … Für jüngere Leser sei eingeschoben, dass es sich hierbei um ein Areal zwischen Katharinen- und Reichsstraße handelte, das als Platz nicht mehr existiert. Die gesamte Fläche wurde in den letzten Jahren bebaut – zum Beispiel mit dem Bildermuseum.

An einer der Buden wollten sie sich »Schmöllner Mutzbraten« schmecken lassen. Es gab aber am Stand gerade einen Engpass, wie man in der DDR die Versorgungslücken nannte: entweder fehlte das Holz zum Grillen, fehlten die Brötchen oder die Fleischstücke.

Während die Verlagsleute also vor der Bude standen, überlegten sie: Gehen wir oder bleiben wir? Und dann entschied einer aus der Gruppe: »Wir bleiben hier.«

Kaum ausgesprochen, wurde der Ruf sofort von den Umstehenden aufgenommen, und letztlich skandierte der ganze Platz: »Wir bleiben hier! Wir bleiben hier!«

So war das damals in Leipzig. Alle Antennen waren ständig ausgefahren.

Mittags war auch Gerhard Pötzsch mit seinem Freund Werner Förster im Zentrum der Stadt unterwegs. Sie gingen in die Umweltbibliothek, die im Vorjahr von der Arbeitsgruppe Umweltschutz beim Jugendpfarramt Leipzig gegründet worden war. Im Haus am Thomaskirchhof holten sie sich jeder einen Packen Zettel. Der knappe Text darauf forderte zur Gewaltlosigkeit auf.

Pötzsch und Förster steuerten jeder mit solch einem Bündel die Seitenstraßen an, in denen LKWs der Bereitschaftspolizei standen. Dort kletterten sie über die Anhängerkupplung auf die Mannschaftswagen oder – wie es Gerhard Pötzsch im schönen Leipziger Dialekt formuliert – »sind wir hochgehäggerd«.

Von keinem Fahrzeug wurden sie vertrieben, nirgendwo hörten sie: »Bürger, verlassen Sie sofort den LKW!« Die Uniformierten saßen nach der Erinnerung von Gerhard Pötzsch weitgehend »verängstigt« und »gehemmt« dort, hatten »Schiss«. Sie wussten ja auch nicht, was in den nächsten Stunden auf sie zukommen würde.

Und so wurden sie Stück für Stück ihren papiernen Appell los.

Außerdem gab es an diesem Tag noch DIN-A-4-Blätter, ormigabgezogen. Auf dem Packen war »Innerkirchlich« vermerkt – die einzige Chance, so etwas überhaupt zu vervielfältigen.

Die Überschrift lautete: APPELL, verfasst von den Arbeitsgruppen Gerechtigkeit, Menschenrechte und Umweltschutz. Elfmal kommt im Text das Wort »Gewalt« vor, denn sie zu verhindern war oberster Wunsch, sie zu unterlassen, darum wurden beide Seiten gebeten. Deshalb wandte man sich sowohl an die Demonstranten: »Enthaltet euch jeder Gewalt!«, als auch an die Einsatzkräfte: »Reagiert auf Friedfertigkeit nicht mit Gewalt!«

Kurz nach 14 Uhr rief ich, wie verabredet, Roland Wötzel an.

Er fragte mich am Telefon nur: »Wo können wir uns treffen, um etwas zu besprechen?«

»Komm am besten zu mir.«

»Ich bin in einer halben Stunde da.«

Nun will ich dazwischenschalten, was ich damals nicht

wusste und was für das Zustandekommen unseres späteren Aufrufs von Bedeutung war. In der Biographie »Kurt Masur. Zeiten und Klänge« schreibt Johannes Forner: »Nach der Generalprobe am Vormittag erfuhr Masur von Mitgliedern des Neuen Forums, dass am Abend die Demonstration niedergeschlagen werden sollte.«

Und Masur sagte in dem Zusammenhang: »Ich kann doch nicht ›Till Eulenspiegel‹ dirigieren, und draußen wird geknüppelt, und es fallen gar Schüsse!«

»Aufs höchste beunruhigt«, so steht es in dem Buch, »rief er wieder jenen Mann an, der sich wenige Wochen zuvor in der Straßenmusikantenfrage entgegenkommend verhalten hatte: Kurt Meyer von der SED-Bezirksleitung. Ihm gab er unmissverständlich zu verstehen: ›Wenn heute Abend Blut fließt, kann ich nicht den „Till" spielen.‹«

Kurt Masur hat in etwa noch zu Meyer gesagt: »Lassen Sie uns überlegen, was wir tun können.«

Nach diesem Telefonat ging Meyer zum amtierenden 1. Sekretär Helmut Hackenberg und erzählte ihm von Masurs Telefonat. Der wird ihn vermutlich aufgefordert haben: »Rede mit ihm, damit das Konzert stattfindet.«

Roland Wötzel saß in seinem Arbeitszimmer, als Kurt Meyer auch zu ihm kam, um ihm von dem Anruf und der Sorge Masurs zu berichten, und schlug vor, dass er zu ihm fahren werde. Nun entwickelte sich das Gespräch allmählich in eine andere Richtung, und langsam wuchs die Idee, etwas gemeinsam zu unternehmen. Als Jochen Pommert noch zu den zwei Sekretären stieß, war er zu deren Überraschung sofort bereit mitzukommen. Inzwischen hatte Wötzel ihnen gesagt, dass er mit mir Kontakt habe und schlug mich für diesen Kreis mit vor.

Als die drei Funktionäre sich in der Bezirksleitung über ihr Vorgehen geeinigt hatten, meinte Pommert, dass es ihnen doch wohl klar wäre, was passieren würde, wenn die

Aktion fehlschlage. Sie könnten als »Konterrevolutionäre« an die Wand gestellt werden.

Meyer entgegnete: »Nun hör bloß auf, sonst verlässt uns noch das letzte Stück Mut!«

Als Roland Wötzel nach dreißig Minuten unsere Wohnung betrat, sagte er zu mir: »Wir fahren zu Masur. Meyer, Pommert, der Theologe Zimmermann und du. Wir formulieren einen Aufruf. Beginn des Dialoges, unsere Sorge in diesen Stunden. Machst du mit?«

»Natürlich.«

Ich wunderte mich nur, dass ausgerechnet Agitpropchef Pommert dabei war, der in der Stadt eher als dogmatischer Funktionär galt. Und wie kam Zimmermann dazu?

Wötzel war durch seine Arbeit als Sekretär für Wissenschaft auch für die Karl-Marx-Universität zuständig und sollte mit ihm über jenen Brief reden, den er aus Protest an Honecker geschrieben hatte. Wötzel hatte vorgeschlagen, Zimmermann mit zu dem Treffen bei Masur einzuladen.

Und damit waren wir sechs.

In angespannten Situationen neigt man mitunter zu unsinnigen Handlungen. Ehe ich mit Wötzel aufbrach, rasierte ich mich noch schnell. Vorher gab ich ihm das legendäre Zitat aus den »Buckower Elegien« von Brecht zu lesen, das sich auf den 17. Juni 1953 bezog: »Das Volk hat das Vertrauen der Regierung verscherzt. Wäre es da nicht doch einfacher, die Regierung löste das Volk auf und wählte ein anderes?«

Wie Walter Ulbricht in den fünfziger Jahren stand Erich Honecker, der Ulbricht gestürzt hatte, Ende der achtziger Jahre vor einer Situation, die seine Macht bedrohte.

Dann reichte ich Wötzel noch einen Zettel, auf den ich ein Zitat des jüdischen Religionsphilosophen und Schriftstellers Martin Buber aus »Ich und du« geschrieben hatte, das mir gerade an diesem Vormittag in die Hände gefallen war: »Das Einzige, was dem Menschen zum Verhängnis werden kann, ist der Glaube an das Verhängnis, er hält die Bewegung der Umkehr nieder.«

Wötzel sagte mir, dass er Buber kenne und schätze.

Vor dem Haus wartete ein Lada. Dass ich einmal in einem Wagen der SED-Bezirksleitung zum Haus von Kurt Masur fahren würde – das hätte ich mir nicht träumen lassen.

Masur begrüßte uns am Tor.

Meyer, Pommert und Zimmermann waren bereits im Haus. Dann saßen wir alle sechs an einem Tisch und tauschten ein paar Floskeln aus, um die Anspannung zu lösen. Masur war die Sorge anzumerken, und er hatte auch sofort einige Gedanken für den Aufruf parat.

Pommert versuchte, das Wort »vertrauensvoll« in den Text einzubringen. Darauf Masur heftig: »Geht nicht! Vertrauen ist weg!«

Als wir schon eine Weile an unserem Aufruf gebastelt hatten, gab es eine Unterbrechung. Roland Wötzel bat um eine kurze Pause, weil – und da hörte ich den Namen zum ersten Mal – Walter Friedrich an der Tür stehen würde und ihn sprechen möchte.

Ich erfuhr, dass Professor Walter Friedrich das Leipziger Zentralinstitut für Jugendforschung leitete. Dieses Institut war durch seine wissenschaftliche Arbeit hoch angesehen. Wir Kabarettisten von den »academixern« hatten einmal einen Mitarbeiter zu Gast, der uns Informationen gab, die man so nie hören oder lesen konnte. Die Arbeit des Instituts gab ein absolut reales Bild vom Leben in der DDR wider. Die Forschungsresultate landeten allerdings sofort im Tresor und wurden zumeist als »Vertrauliche Verschlusssache« behandelt.

Theoretisch wusste man da oben schon, was im Land los war! Wenn man wollte, konnte man sich informieren. Vermutlich dachte aber die Führung beim Lesen dieser Erkenntnisse: Wenn die Wissenschaftler zu solchen Ergebnissen kommen, dann können sie nur schlecht geforscht haben ... Die Existenz des Instituts stand mehrmals auf der Kippe.

Wötzel erzählte uns nichts von dem Gespräch, als er an den Tisch zurückkam. Ich erfuhr erst sehr viel später, dass Friedrich in großer Sorge in der Frühe zu Krenz gefahren war. Friedrich wusste um die Angst der Bevölkerung, dass es zum Äußersten kommen und gar geschossen werden könnte. In Leipzig, einem international bekannten Ort, der mit dem Ansehen einer friedlichen Handelsstadt warb.

Und deshalb hatte Friedrich für Egon Krenz, mit dem er befreundet war, einen achtzehnseitigen Lage- und Stimmungsbericht geschrieben. Darin heißt es gleich am Anfang:

»1. Keine Lösung durch Gewalt suchen. Das ist für mich heute das akuteste Problem.«

Und dann wird er mitten in dem Bericht ganz persönlich: »Lieber Egon, es darf kein Blut fließen. Es darf in Leipzig nicht geschossen werden.«

Auf einem Flohmarkt erwarb ich vor ein paar Jahren ein Buch von Egon Krenz, in dem er seine Sicht der Friedlichen Revolution aufgeschrieben hat: »Wenn Mauern fallen«.

Über den Friedrich-Besuch führt er dort aus: »Er übergab mir eine umfangreiche, detaillierte Untersuchung der Stimmungslage unter der Bevölkerung. Darin wurde der Parteiführung Lebensferne und totales Versagen vorgeworfen ... Auch unter den Genossen wachse die Ablehnung gegenüber einer Politik der Dogmen, der Erstarrung, der Konfliktunfähigkeit.«

Und Friedrich ging noch weiter, indem er in einem Zusatzpapier schrieb: »Meines Erachtens sollte Genosse Honecker bald zurücktreten. Ich bin fest davon überzeugt, dass dies nicht 50 %, sondern etwa 90 % aller Genossen begrüßen würden.«

Damit war Walter Friedrich in dieser zugespitzten Situation der erste Leipziger, der mit einem exponierten Vertreter der Macht Tacheles redete.

Krenz vernichtete sofort das Schreiben zur Ablösung Honeckers. Am 9. Oktober fraß das noch der Reißwolf.

Erst vor ein paar Jahren erfuhr ich, dass Friedrich zu Wötzel gesagt hatte: »Es geht los!« Krenz würde zwar an der Ablösung von Honecker arbeiten, habe aber noch nicht die stärkeren Bataillone auf seiner Seite.

Ich schrieb am Tisch die Gedanken der Runde auf, wir sortierten die Sätze, präzisierten da und dort, wollten vor allem beide Seiten »der Barrikade« persönlich ansprechen. An die Funktionäre gewandt, sagte ich: »Nun müsst ihr dafür sorgen, dass sich die Polizei zurückzieht.«

Masur und Zimmermann stimmten zu, und die drei Genossen versprachen es.

Die Zeit drängte, bald saßen wir wieder in den Autos und fuhren in Richtung Zentrum.

Wötzel sagte zu mir: »Das hätten wir schon vor vierzehn Tagen machen müssen.«

Als wir uns gegen 16.30 Uhr der Innenstadt näherten, gerieten wir in den Berufsverkehr, der an diesem Montag vor allem Demo-Verkehr war. Als ich sagte: »Das werden heute viele!«, drehte sich der Fahrer kurz zu mir um und nickte vielsagend. Auf dem Ring, hinter dem »konsument am Brühl«, blieb ein alter Škoda vor uns stehen. Aufregung, Hektik, denn wir konnten die Spur nicht wechseln. Vor Masurs Wagen wiederum verstopfte ein Fahrschulauto die Spur. Im Gewandhaus angekommen, scherzte er: »Wegen kaputter Autos können Revolutionen scheitern!«

Bernd Locker erzählte mir eine Begebenheit aus jener Stunde, die er beobachtet hatte. Von der damaligen Leninstraße (heute Prager Straße) fuhren Einsatzfahrzeuge der Polizei auf den Ring. Die Verkehrspolizei hatte dafür eine Seite des Rings gesperrt, damit sie zügig auffahren konnten. Dadurch staute sich der Berufsverkehr, und als die wartenden Fahrer der Pkws den Grund für den Stau bemerkt hatten, kam es zu einem noch nie da gewesenen Hupkonzert. Das war ein klares Zeichen: Ihr seid hier nicht willkommen!

Bettina Kratsch kam auf dem Weg zur Demo am damaligen Georgi-Dimitroff-Museum (dem heutigen Bundesverwaltungsgericht) vorbei. Dort standen Mannschaftswagen der Polizei. Sie ging zu den Uniformierten und fragte in unverhohlener Sorge: »Wollt ihr wirklich auf uns schießen?«

Die Männer wichen ihrem Blick aus und sagten kein Wort.

Heinz-Jürgen Böhme erzählte mir, wie er von seiner Wohnung im Waldstraßenviertel in die Stadt lief. An der Feuerwache sah er die ersten Mannschaftswagen. Als er an der »Runden Ecke« entlang ins Stadtzentrum gehen wollte, war dieser Weg von Polizisten gesperrt, und er musste auf den Ring wechseln. In der Universitätsstraße stieß Heinz-Jürgen wieder auf LKWs mit Bereitschaftspolizei. Uniformierte saßen oben auf engstem Raum mit ihren Hunden, die kaum im Zaum zu halten waren und bellten. Hinter den Fahrzeugen standen Trauben von Menschen. Aufgeregt, aber nicht etwa aggressiv. Sie versuchten, mit den Bereitschaftspolizisten ins Gespräch zu kommen. Ein Mann rief ihnen zu: »Was wollt ihr denn von uns? Am 7. Okto-

Das handschriftliche Manuskript des Aufrufes.

ber bin ich Aktivist geworden! Wollt ihr nun die Hunde auf mich loslassen?« Er verstand nicht, wieso er eine gesellschaftliche Anerkennung vom Staat bekommen hatte und der ihn nun in Gestalt dieser jungen Männer attackieren wollte. Und die Menschen fragten: »Wovor habt ihr Angst?« und: »Was verteidigt ihr?«

Die Polizisten drehten sich weg. Sie wussten nicht, was sie sagen sollten.

Und Böhme meinte: »Sie waren zwar gerüstet, aber hilflos.«

Als wir endlich im Gewandhaus angekommen waren, rief Wötzel Helmut Hackenberg an und berichtete ihm von unserer Aktion. Hackenberg verlangte, dass die drei Funktionäre nicht mit unterschreiben, nur Masur, Zimmermann und Lange. Wötzel reagierte am Telefon darauf gar nicht, informierte uns aber über Hackenbergs Forderung. Ich meinte spontan: »Alle oder keiner.« Und jeder war damit einverstanden.

Rainer Tetzner schreibt in seinem Buch »Kerzen-Montage verändern die Welt« über Hackenberg: »Der wollte unbedingt verhindern, dass sich die drei Sekretäre beteiligten ... Ihm war die ungeheure Tragweite, auch für sich selbst, bewusst ... Ihm blieb unter dem Druck der Situation und der Sekretäre kaum eine Chance, ernsthaft den Aufruf zu verhindern.«

Ich setzte mich im Gewandhaus in einem Raum an die Schreibmaschine, tippte den Text mit einigen Durchschlägen und las ihn noch einmal allen vor. Peter Zimmermann stürzte gleich darauf mit den Durchschlägen los, damit der Aufruf in den Kirchen verlesen werden konnte.

Ohne Jochen Pommert, den verantwortlichen Funktionär für Agitation und Propaganda, hätten wir nicht die Chance gehabt, in den Stadtfunk und ins Programm des

Die Leipziger Bürger Prof. Kurt Masur, Pfarrer Dr. Peter Zimmermann, der Kabarettist Bernd-Lutz Lange, die Sekretäre der SED-Bezirksleitung Dr. Kurt Meyer, Jochen Pommert und Dr. Roland Wötzel wenden sich mit folgendem Aufruf an die Bevölkerung unserer Stadt:

Unsere gemeinsame Sorge und Verantwortung haben uns heute zusammengeführt. Wir sind von der Entwicklung in unserer Stadt betroffen und suchen nach einer Lösung.
Wir alle brauchen einen freien Meinungsaustausch über die Weiterführung des Sozialismus in unserem Land.
Deshalb versprechen die Genannten heute allen Bürgern, ihre ganze Kraft und Autorität dafür einzusetzen, daß dieser Dialog nicht nur im Bezirk Leipzig, sondern auch mit unserer Regierung geführt wird.
Wir bitten Sie dringend um Besonnenheit, damit der friedliche Dialog möglich wird.

Der auf Schreibmaschine getippte Aufruf der Leipziger Sechs.

Senders Leipzig von Radio DDR zu kommen. Inzwischen war von dort ein Mitarbeiter ins Gewandhaus gerufen worden. Der sollte den Text auf Band sprechen. Ich schlug aber vor, dass nicht er, sondern Masur als der Bekannteste von uns den Aufruf verlesen sollte:

»Unsere gemeinsame Sorge und Verantwortung haben uns heute zusammengeführt. Wir sind von der Entwicklung in unserer Stadt betroffen und suchen nach einer Lösung. Wir alle brauchen einen freien Meinungsaustausch über die Weiterführung des Sozialismus in unserem Land. Deshalb versprechen heute die Unterzeichneten allen Bürgern, ihre ganze Kraft und Autorität dafür einzusetzen, daß dieser Dialog nicht nur im Bezirk Leipzig, sondern auch mit unserer Regierung geführt wird.

Wir bitten Sie dringend um Besonnenheit, damit der friedliche Dialog möglich wird.«

Und er schloss: »Es sprach Kurt Masur.«

Ehe wir auseinandergingen, versicherten uns die SED-Funktionäre im Arbeitsraum von Masur, dass die Polizeikräfte äußerste Zurückhaltung walten lassen würden.

Die drei waren mit dieser Aktion weit über ihre Befugnisse gegangen und hatten sich aus Sorge um Menschenleben aus der Parteidisziplin entlassen. Sie sahen die demonstrierenden Massen nicht als Konterrevolutionäre oder feindlich-negative Personen, sondern als Partner für einen Dialog über die Zukunft dieses Landes.

Und was auch außerordentlich bedeutsam war: Mit dem Aufruf gaben zum ersten Mal drei Funktionäre der Partei in aller Öffentlichkeit zu, dass in der DDR massive Probleme existierten. Zwei Tage zuvor, am 7. Oktober, hatte ja der Generalsekretär dieser Partei in seiner Rede zum 40. Jahrestag der DDR auf eine erfolgreiche Bilanz verwiesen. Nach dem Motto »Wir schreiten gestärkt voran« Das Wort »Probleme« tauchte in der Rede gar nicht auf.

Honecker hatte die Situation im Land noch in rosigen Farben gemalt, gebetsmühlenartig vom erfolgreichen Sozialismus in den Farben der DDR (die oft so grau daherkamen) geschwafelt und darauf das Glas mit Rotkäppchen-Sekt erhoben. Oder war es doch Sowjetskoje Schampanskoje gewesen? Der neben ihm stehende Gorbatschow hätte es wohl herausschmecken können.

Gorbi stieß mit Honecker an, lächelte. Er wusste längst, dass der Genosse neben ihm zu den zu spät Gekommenen zählte und vom Leben bestraft werden würde. Und seine Geheimdienstler hatten ihm gewiss berichtet, dass auf den Straßen der DDR »Gorbi, Gorbi!« gerufen wurde und auch »Gorbi hilf!«.

Die größte Hilfe von ihm war natürlich, dass die sowjetischen Truppen mit ihrem Kriegsgerät in den Kasernen blieben. Da hatten ja die Älteren aus dem Jahr 1953 noch ganz andere Bilder vor Augen.

Die drei Funktionäre fuhren anschließend zur Bezirksleitung, Kurt Masur bereitete sich auf sein abendliches Konzert vor, und ich wollte mir ein Bild von der Demonstration verschaffen. Wir verabredeten, dass wir uns nach der Demo noch einmal im Arbeitsraum von Masur treffen würden.

Als die drei Funktionäre in der SED-Bezirksleitung in der Karl-Liebknecht-Straße ankamen, wurden sie von Genossen im Sekretariat attackiert: »Ihr habt die Partei gespalten und verraten.«

Es kam zu einer Auseinandersetzung mit dem amtierenden 1. Sekretär Helmut Hackenberg.

Er war gegen den Alleingang von Meyer, Pommert und Wötzel. Daraufhin sagten sie ihm, dass sich ja gern das gesamte Sekretariat der Bezirksleitung hinter diesen Aufruf stellen könne, und schlugen vor, den Text am nächsten

Tag in der Leipziger Volkszeitung zu veröffentlichen. Das wurde nicht genehmigt.

Als ich vom Gewandhaus in Richtung Grimmaische Straße ging, traf ich plötzlich zwischen den sich sammelnden Demonstranten meinen Sohn Sascha. Das war nun wirklich bei den Massen, die in die Innenstadt strömten, ein besonderer Zufall. Meine Frau und ich hatten ihm gesagt, dass es uns an diesem gefährlichen Tag doch lieber wäre, wenn er nicht zur Demonstration gehen würde. Aber er und seine Freunde, alle um die achtzehn Jahre, hatten eben auch das dringende Bedürfnis, dabei zu sein. Ich erzählte ihm von unserem Aufruf und meiner Hoffnung, dass sich die Polizei zurückziehen würde.

Der Platz vor der Universitätsbuchhandlung war schon schwarz von Menschen. Sie standen fast alle mit dem Gesicht in Richtung Nikolaikirche. Die älteste Kirche der Stadt wurde zum Symbol der Erneuerung. Sie zog Alt und Jung an, die Masse der Parteilosen und die kritischen Genossen.

Ein Bekannter sagte mir: »Ich stand da und habe diese Kirche angehimmelt.«

Alle wussten, wenn das Friedensgebet zu Ende war, würde die Demonstration beginnen.

Menschen, die eben noch zu Gott gebetet hatten, riefen dann den Namen eines atheistischen Parteichefs, der ein Sechstel der Erde regierte: »Gorbi!« Und danach würde jenes rhythmische dreimalige Klatschen zu hören sein.

Auch an diesem 9. Oktober hatte, wie schon so oft, in der Nikolaikirche die Bergpredigt eine Rolle gespielt. Christian Führer ermahnte: »Lasst die Gewaltlosigkeit nicht in der Kirche zurück, nehmt sie mit hinaus auf die Straßen und Plätze!«

Ich finde es großartig, dass die protestantische Kirche der Hort der Protestierer wurde. Manche alten Kirchenlieder bekamen in jenem Herbst eine völlig neue Bedeutung. Am 9. Oktober wurde in der überfüllten Nikolaikirche »Sonne der Gerechtigkeit« und »O komm, du Geist der Wahrheit« gesungen.

Gerechtigkeit und Wahrheit – danach sehnten sich die Menschen.

Die Einladung an der Nikolaikirche war Programm: »Offen für alle«. Dadurch wurde das Gotteshaus das Herz der Revolution.

Diese Massenbewegung hatte kein eigenes Lied. Außer dem Absingen einer Strophe der »Internationale« oder des weltberühmten »We shall overcome«.

Ich bin durch Zufall im Internet auf ein Gedicht von Karl Marx gestoßen. Wie hätte das auf die Machthaber gewirkt, wenn es ein Leipziger vertont und die Menge dieses Lied gesungen hätte …?

> »Darum laßt uns alles wagen,
> Nimmer rasten, nimmer ruhn.
> Nur nicht dumpf so gar nichts sagen
> Und so gar nichts woll'n und tun.
>
> Nur nicht brütend hingegangen,
> Ängstlich in dem niedern Joch,
> Denn das Sehen und Verlangen
> Und die Tat, sie blieb uns doch.«

Die angeblichen Marxisten mit Marx schlagen: »Und die Tat, sie blieb uns doch.«

Gegen 17.40 Uhr klopfte Peter Zimmermann vehement an die verschlossene Kirchentür von St. Nikolai. Schließlich wurde ihm aufgetan. Er brachte Pfarrer Führer den Aufruf, der ihn gleich verlesen ließ. Bei »Aufruf« dachten die meisten Besucher im ersten Moment an die Ausrufung des Ausnahmezustandes. Im Gotteshaus herrschte Totenstille. Danach wurde erleichtert applaudiert.

In einer ZDF-Fernsehdokumentation über den 9. Oktober von Ekkehard Kuhn sagte eine ältere Frau: »Es war absolut klar, dass an dem Tag die Entscheidung fällt. Für mich war sie gefallen, als Bischof Hempel in die Thomaskirche angehetzt kam ... Vier Kirchen waren an dem Tag geöffnet und auch gefüllt mit Menschen, und als er den Aufruf der Sechs vortrug, weiß ich noch, dass ich zu meiner Freundin gesagt habe: ›Der Mantel der Geschichte rauscht.‹«

Ein Bekannter, der als Journalist für die Leipziger Volkszeitung arbeitete, erzählte mir, dass er an jenem Tag zur Berichterstattung in die Innenstadt geschickt worden war. Es gab sogar eine Art Pressezentrum, eine Station als Anlaufpunkt für die Mitarbeiter der Medien. Diese Zentrale war das VP-Revier Mitte in der Ritterstraße, eine der wenigen Lückenbebauungen in der Innenstadt, die in den achtziger Jahren realisiert worden waren.

Vermutlich wollte man den Medienvertretern ein sicheres Terrain bieten. Mein Bekannter erinnert sich, dass sogar eine Weste oder eine Armbinde mit der Aufschrift PRESSE im Angebot waren. Allerdings verzichteten die meisten Vertreter vom Fernsehen der DDR, der Jungen Welt, dem ND oder der LVZ auf diese Kennzeichnung, da man sich mit der Berichterstattung in den letzten Wochen ja wahrlich keine Freunde gemacht hatte ...

Nachdem ich mich von meinem Sohn hoffnungsvoll verabschiedet hatte, inspizierte ich die Innenstadt. Am Neumarkt standen LKWs mit Bereitschaftspolizei. Man sah Polizisten mit Hunden, die bellend an ihren Leinen zerrten. Vielerorts gab es aber auch Diskussionen und Gespräche zwischen Demonstranten und Einsatzkräften.

Axel Dietrich erzählte mir, wie er an einer Hauswand unter den Uniformierten einen Jugendfreund entdeckte, mit dem er Fußball gespielt hatte. »Mensch, Jens ...«, und beinahe wäre ihm herausgerutscht: »Was machst denn du hier?«

Es war ja sonnenklar, was er hier machte ... Der andere sah ihn nur verlegen an, blickte dann zur Seite und murmelte: »Geh weiter! Geh weiter!«

Zu den Persönlichkeiten, die sich Montag für Montag in den Demonstrationszug einreihten, gehörte das Künstlerehepaar Ursula Mattheuer-Neustädt und Wolfgang Mattheuer.

Der deutschlandweit bekannte Maler hatte – eine bewusste Provokation – am 7. Oktober 1988, also am Tag der Republik, einen Brief an die SED-Grundorganisation Bildende Kunst Leipzig geschrieben. Er ist in seinem Reclam-Band »Äußerungen« aus dem Jahr 1990 abgedruckt. In die SED war Mattheuer 1958 eingetreten, und nun schrieb er nach dreißig Jahren: »Ich sehe heute: Sie, die Partei, braucht das sich selbst bestimmen wollende Individuum nicht. Sie hat gar keine geeigneten Mechanismen entwickelt, individuelles Wissen und Erleben von unten positiv zu integrieren. Sie wähnt sich nach wie vor allwissend und allmächtig und spricht nur ungern mit nicht jubelnden Genossen ... Ich kann nicht jubeln und kann auch nicht Ja sagen, wo Trauer und Resignation, Mangel und Verfall, Korruption und Zynismus, wo bedenkenloser, ausbeuterischer Industrialismus so hochprozentig das Leben prägen und niederdrücken und wo programmatisch jede Änderung heute und für die Zukunft ausgeschlossen wird.«

Und kündigte seine Mitgliedschaft in der SED.

Wolfgang Mattheuer war Mitglied unserer Stammtisch-

Der bekannte Leipziger Maler Wolfgang Mattheuer mit seiner Frau Ursula Mattheuer-Neustädt auf der Montagsdemonstration.

Runde – die auch an jenem 9. Oktober im Pfeffermühlen-Club im Thomaskirchhof tagte. Hans-Joachim Götze war mit den beiden befreundet, sie marschierten montags gemeinsam über den Ring. Er hat seine Erinnerungen an den 9. Oktober mit den beiden Mattheuers für eine Schrift anlässlich des 30. Jahrestages der Gründung unseres Leipziger Stammtisches »Gogelmosch« aufgeschrieben. In der spannungsgeladenen Atmosphäre gingen sie »mit bangen Gefühlen, aber doch entschlossen zum Nikolaikirchhof«. Und er erinnert sich: »Als Rufe zu hören waren, das Gebet sei beendet, formierte sich der Zug in Richtung Karl-Marx-Platz. Zwei Polizeiketten – am Karl-Marx-Platz und dem Hauptbahnhof – hatte der Demonstrationszug ohne Gewaltanwendung überwunden. Familie Mattheuer und ich marschierten in der vierten oder fünften Reihe. So konnten wir gut sehen, wie die Demonstranten an der Spitze des Zuges die Polizisten aufforderten, ihre Sperre aufzulösen, da der Zug nicht aufzuhalten sei. Zu unserer Erleichterung wichen die Polizisten ohne Gewaltanwendung zurück.«

Und noch ein bekannter Maler der legendären Leipziger Schule, der sich längst im gesamten Deutschland und auch international einen Namen gemacht hat, steuerte an jenem 9. Oktober das Leipziger Zentrum an: Sighard Gille. Er gehört zu jener Generation, die nach Tübke, Mattheuer und Heisig kamen. Gille ging am 9. Oktober allein zur Demonstration. Seine Frau musste ihren neunjährigen Jungen hüten. Als er sich an der Nikolaikirche der Menge anschloss, war sein Gefühl, dass die Demonstranten Angst und Mut gleichermaßen hatten. Aber alle einte der Wunsch nach Veränderung.

Als sich der Demonstrationszug, von der Grimmaischen Straße kommend, über den Karl-Marx-Platz bewegte, sah jeder Demonstrant, der zum erleuchteten Gewandhaus blickte, hinter den riesigen Glasscheiben das von Sighard Gille gemalte größte Deckengemälde Europas: »Gesang vom Leben«.

Gille hatte seine Kleinbildkamera mitgenommen und mit einem ORWO-Farbfilm bestückt. Man sieht den Bildern an, dass sie »mit zitternder Hand« gemacht sind, dass die Nervosität und auch ein wenig Angst »mitfotografierten«.

An der Hauptpost hörte er unseren immer wieder gesendeten Aufruf über den Lautsprecher.

Er rief seine Frau von einer Telefonzelle an und hielt den Hörer aus der Tür, damit sie den Text mithören konnte.

Als ich ihm bei meinem Besuch sagte, dass ich 89 immer an 68 gedacht habe, schrieb er bei seiner Widmung die zuletzt genannte Zahl mit in ein Buch, das er mir schenkte. Als er es zu mir hindrehte, meinte er: »Guck dir das an! Wenn man die 68 herumdreht, wird eine 89 draus!«

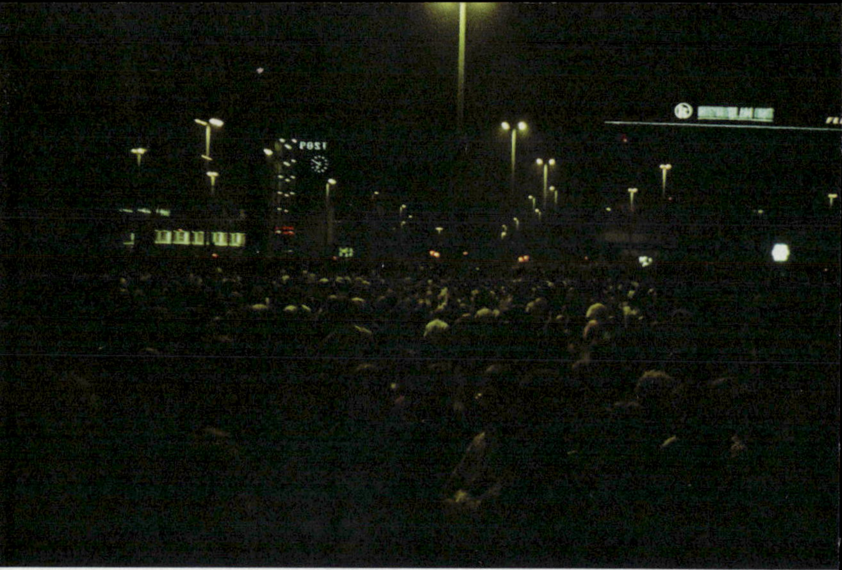
POST

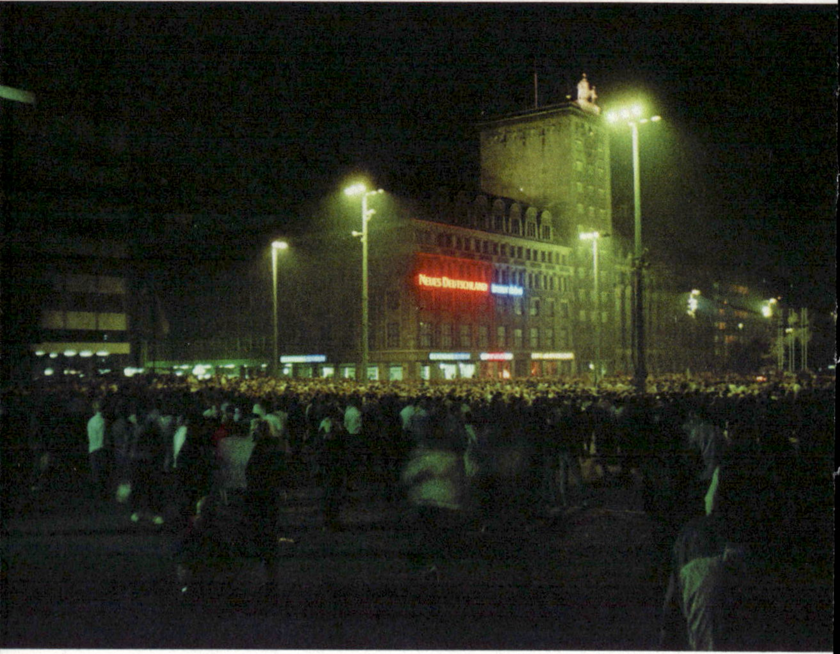
NEUES DEUTSCHLAND

Die einzigen bekannten Farbfotos von der Montagsdemo am 9. Oktober in Leipzig.

An diesem einzigartigen Tag für Leipzig und die DDR, an jenem 9. Oktober 1989 also, da widerfuhr Michael Faber, dem späteren Kulturbürgermeister, in seiner Heimatstadt eine ganz besondere Geschichte. Nicht in einer der Leipziger Kirchen, nicht auf dem Nikolaikirchhof, nicht auf dem Ring, sondern – in einer Gohliser Kaserne als Reserveoffizier.

Er hatte seinerzeit eineinhalb Jahre gedient, wurde als Gefreiter entlassen, dann während des Reservistendienstes nach dem Studium zunächst zum Unteroffizier und schließlich zum Leutnant befördert.

Nach den Ereignissen in Leipzig am 7. Oktober, wo es zu schweren Zusammenstößen zwischen Uniformierten und den Demonstranten gekommen war, erhielt er den Befehl, seine Truppe auch mit Polizeigerät auszurüsten. Das hieß also: mit den entsprechenden Helmen, Schilden und Stöcken, die gegen die Demonstranten zum Einsatz kommen würden.

Der NVA-Leutnant Faber verweigerte gegenüber seinem Major diesen Befehl mit der Begründung: »Das ist ein Verstoß gegen die Verfassung der DDR.« Und verblüffte den Offizier mit einem prononciert vorgetragenen »Zitat«: »Die Nationale Volksarmee kann nur gegen äußere Feinde eingesetzt werden.«

Und eben nicht gegen seine Leipziger Freunde, gegen Bekannte und Verwandte. (Das hat er dem Major aber nicht gesagt.) Dann ist er sogar noch zu seinen Soldaten und hat sie in diesem Sinne agitiert.

Der Major hatte nicht gleich die Verfassung zur Hand und kein Zitat daraus im Kopf, aber eins war klar: Befehl ist Befehl (ob richtig oder falsch), und wer sich dem verweigert ist eben ein Befehlsverweigerer! Michael Faber wurde verhaftet und im Keller der Kaserne festgesetzt.

Aber: Der Riss ging ja nicht nur durch die Gesellschaft

im Allgemeinen, sondern selbst durch solche Institutionen wie die Armee im Besonderen. Und nun kommt's: Es gab auch in der DDR immer wieder überraschende Wendungen. Am 10. Oktober schickte der Offizier Michael Faber nach Hause und meinte jovial: »Spann mal drei Tage aus.«

Er fuhr mit der Straßenbahn nach Connewitz. An der Karl-Liebknecht-Straße stiegen ein paar junge Männer ein, die ihn in seiner Offiziersuniform sitzen sahen und nicht ganz so friedfertig waren.

»Da sitzt auch so einer!«

Seine Mütze flog durch die Bahn. Nun wollte er denen nicht groß und breit erklären, dass er gerade wegen Befehlsverweigerung aus einem Kellerraum der Kaserne komme. Er war für sie eben der Feind in Uniform.

Und die Pointe der Geschichte: In der Kaserne beschloss man vermutlich, den unsicheren Kandidaten Faber nicht länger an die Genossen Soldaten heranzulassen. Er wurde aus dem Reservedienst vorzeitig entlassen – als Oberleutnant!

2018 war ich vom Förderverein Sonnenkirche zu einer Lesung nach Neunheiligen eingeladen worden. Das ist eine Gemeinde im Unstrut-Hainich-Kreis in Thüringen. Mit dem Organisator der Lesung, Raimund Schmidt, kam ich über dies und das ins Gespräch, und es stellte sich heraus, dass er in jenem 89er Herbst am Standort der Bereitschaftspolizei Erfurt seinen Grundwehrdienst geleistet hatte.

Einen Tag vor dem 9. Oktober, am Sonntag also, wurden sie mit Lastkraftwagen nach Leipzig zur Politschulung gebracht. Die Politoffiziere waren junge Kerle von 23 Jahren. In einer Turnhalle erhielten nun die 200 Uniformierten Rotlicht-Bestrahlung der verschärften Form.

Die Demonstranten auf den Straßen wurden in den düstersten Farben dargestellt. Die Offiziere sagten etwa: »Die wollen unseren Staat stürzen. Wir müssen den Sozialismus schützen. Das sind alles Konterrevolutionäre. Vom Westen organisiert. Wir müssen damit rechnen, dass die auch auf uns schießen.«

Woher die Demonstranten Waffen haben sollten, das wurde von den Zuhörern nicht gefragt und vom Politoffizier auch nicht erklärt. Er zeigte aber den 18-jährigen Wehrpflichtigen zumindest mal eine kleine Axt, um ihnen die Möglichkeiten eines Angriffs der »Konterrevolutionäre« bildlich vor Augen zu führen. Das war militärische Psychologie. Dadurch schürte man bei den Zuhörern die eigene Bereitschaft, Gewalt anzuwenden.

»Ein Bereitschaftspolizist, der einen LKW fuhr, stellte die Frage: ›Was ist, wenn meine Frau mit unserem Kind auf der Straße steht?‹« Darauf ging der Offizier inhaltlich gar nicht ein und sagte nur: »Sie fahren vom Punkt A zum Punkt B!«

Und Schmidt nennt jene Scharfmacher, die am schlimmsten waren: »Die Offiziersschüler aus Dresden und die Stasi-Leute.«

»Waren Sie am 9. Oktober auch im Leipziger Zentrum?«

»Ja, da ich die Stadt nicht so gut kenne, weiß ich nicht, wo ich jeweils eingesetzt war. Was ich aber sicher weiß, dass wir an jenem Tag besondere Angst hatten.«

»Wurden Sie auch von den Demonstranten angesprochen?«

»Ja, oft. Das waren durchgängig nette Leute. Da sagte einer: ›Komm doch mit!‹ oder ein anderer: ›Ihr seid doch auch dafür!‹. Es haben mir auch welche auf die Schulter geklopft, die spürten vielleicht, dass wir das eigentlich nicht wollten.«

»Wie waren Sie am 9. Oktober ausgerüstet?«

»Wir hatten nur den Schlagstock am Mann, aber auf dem LKW war volle Ausrüstung.«

»Was heißt das?«

»Maschinengewehr. Und der Zugführer hatte eine Pistole, und er sagte auch zu uns: ›Habt keine Angst. Wenn was ist, dann hole ich euch raus!‹«

»Sie müssen doch sehr froh gewesen sein, als alles friedlich blieb.«

»Hundertprozentig. Das größte Geschenk war für uns der Befehl: ›Aufsitzen! Abrücken!‹«

Honecker hatte in einem Fernschreiben die Parteiführung in Leipzig aufgefordert, den Demonstrationszug mit allen Mitteln »ein für allemal« zu stoppen. Geplant war, die Massenansammlung am Hauptbahnhof mit Gewalt aufzulösen. Räumfahrzeuge mit Schiebeschilden wären in die Menge gefahren und hätten Verheerendes anrichten können.

Der amtierende 1. Sekretär Helmut Hackenberg war in jenen Tagen der Chef der sogenannten Bezirkseinsatzleitung. Das war das höchste militärische Organ des Bezirks Leipzig. Einzig Hackenberg war damit weisungsbefugt über das Militär, die Staatssicherheit und die Polizei.

Wötzel, Meyer und Pommert verwiesen ihn auf das Versprechen, das sie uns gegeben hatten, dass die Polizeikräfte äußerste Zurückhaltung üben würden.

Hackenberg rief in Berlin an. Honecker war nicht erreichbar. Krenz versprach zurückzurufen. Von dem Aufruf sagte er Krenz nichts. Als der sich nicht wieder meldete und die beginnende Demonstration ihn zu einer Entscheidung drängte, fragte Hackenberg nahezu verzweifelt: »Was soll ich denn nun machen?«

Und Wötzel forderte ihn prononciert zweimal auf: »Zurückziehen!«

Die drei Sekretäre waren damit in der gefährlichsten Situation des Tages, in jenen Momenten, in denen über den

Zentrale der (Ohn-)Macht: die Leipziger SED-Bezirksleitung in der Karl-Liebknecht-Straße.

Einsatz der bewaffneten Kräfte entschieden wurde, die einzigen beratenden und fordernden Partner von Hackenberg. Wäre der eigentliche Parteichef Horst Schumann nicht krank, sondern im Dienst gewesen, wäre dieser 9. Oktober, so vermuten Kenner der Bezirksleitung, ganz anders ausgegangen ... Man sagte ihm eine durch nichts zu erschütternde Nibelungentreue gegenüber Honecker nach.

Als die Menschen aus den Kirchen und aus der Innenstadt auf den Karl-Marx-Platz strömten, also die Demonstration begann und das akustische Zeichen des Stadtfunks ertönte, liefen die Menschen zu den Lautsprechern. Die befanden sich an Bus- und Straßenbahnhaltestellen, an Gebäuden und auf größeren Plätzen. Vor allem im Berufsverkehr tönte Musik zum Anlocken, um dann lokale Nachrichten, Veranstaltungstipps oder Berichte über die hervorragende Planerfüllung der sozialistischen Betriebe zu verbreiten.

Und nun an diesem aufregenden Tag solch ein Appell, gesprochen vom Gewandhauskapellmeister. Nachdem die Stimme von Masur verklungen war, gab es auf dem Karl-Marx-Platz Beifall und Sprechchöre: »Masur! Masur!« Einige riefen sogar »Lang lebe der Genosse Masur!« Dabei war er gar keiner. Auch das ist interessant: Drei Marxisten und drei Christen haben sich in der Stunde der Not gefunden.

Der Aufruf wurde von Tausenden gehört. Der Stadtfunk sendete ihn mehrmals in bestimmten Abständen. Ungefähr 6000 Besucher der Friedensgebete vernahmen ihn allein in den Kirchen.

Pfarrer Hans-Friedrich Fischer schreibt in seinem Vorwort zum »Stundenbuch einer deutschen Revolution« von Hans-Jürgen Sievers: »Und obgleich die Tonsäulen des Stadtfunks für die 70 000 Demonstranten des 9. Oktober völlig unzureichend waren, ertönte aus der atemlosen Stille heraus ein tausendfacher Schrei der Erleichterung, vermischt mit starkem Beifall der Menschenmassen. Zwar mutete der Wortlaut der Resolution relativ harmlos an. Doch zu diesem Zeitpunkt waren diese Worte etwas geradezu Unerhörtes. Solche Worte und eine derartige gemeinsame Erklärung hatte es bisher all die 40 Jahre lang nicht gegeben.«

Die Sätze waren an diesem Tag, in jener Zeit von besonderer Bedeutung, und deshalb riefen auch einige Demonstranten danach in Anspielung auf die Stimme des Gewandhauskapellmeisters: »Da capo!«

Der Aufruf machte augenscheinlich auch Menschen Mut. In der ersten und besonders authentischen Publikation, die noch 1989 vom Neuen Forum Leipzig von Reinhard Bohse, Grit Hartmann, Ulla Heise, Matthias Hoch (Bild), Dr. Josef Kurz, Amelie Möbius und Rolf Sprink unter dem

Titel »Jetzt oder nie – Demokratie« herausgegeben wurde, erzählt beispielsweise Sybille Freitag: »… Noch unentschlossen standen wir nach dem Besuch der Kirche, gestärkt aber durch den dort verlesenen Aufruf von Kurt Masur und anderen Persönlichkeiten, auf dem Karl-Marx-Platz. Immer wieder riefen die Demonstranten ›Schließt euch an!‹ – bis wir spontan dieser Aufforderung folgten.«

Gudrun Fischer, 32 Jahre, Schriftsetzerin, erinnert sich so: »… Als wir an der Thomaskirche waren, kam dann der Aufruf von Masur, Lange und den anderen über Lautsprecher. Wir haben Beifall geklatscht, weil, es war die erste öffentliche Anteilnahme von führenden Persönlichkeiten an dem, was uns bewegte. Es war eine große Erleichterung für alle, die das gehört haben. Dann haben wir uns in den Zug eingereiht und sind die Runde mitgelaufen.«

Die Spannung wich der Hoffnung, dass es doch nicht zum Schlimmsten kommen würde. »Wir bleiben hier!«, »Wir sind keine Rowdys!«, riefen die Demonstranten und vor allem immer wieder: »Wir sind das Volk!« Und immer wieder ertönte das beschwörende »Keine Gewalt!« Das animierende »Schließt euch an!« erhielt an der Fußgängerbrücke am Friedrich-Engels-Platz, die auf der Plattform schwarz von Menschen war, noch einen heiteren Vers dazu: »Schließt euch an, die Brücke bricht zusamm'!«

Es war zwar kein perfekter Reim, aber man konnte sich schon seinen Reim drauf machen.

Und ob die Brücke tatsächlich für so viele Leute statisch berechnet war, wusste ja auch niemand … es stand Mensch an Mensch. Der Blick auf die heranströmenden Massen war unglaublich beeindruckend.

Als ich mich 2019 mit einem 48-jährigen Taxifahrer über jene Tage unterhielt, die er als Jugendlicher miterlebt hatte, wurde mir klar, dass jene Generation die letzte sein wird, die konkrete Bilder vom Leipziger Herbst vor Augen hat. Er hatte übrigens das im Volksmund genannte Blaue Wunder (in dieser Farbe war es angestrichen) noch aus einem anderen Grund in guter Erinnerung. In der DDR gab es ja lange Zeit keine Skateboards, und er hat als Halbstarker Mädchen bezirzt, ob sie nicht ausrangierte Rollschuhe hätten. Diese Räder haben sie dann an ein Brett geschraubt und sind am Blauen Wunder die Schräge, die für Kinderwagen und Rollstühle vorgesehen war, hinuntergesaust. So war das mit dem Improvisationstalent der DDR-Bürger …

Der Taxifahrer erzählte mir auch noch ein besonderes Erlebnis im Zusammenhang mit der Friedlichen Revolution. Er hatte in einem Betrieb in Böhlen gelernt und fuhr täglich mit dem Zug. Er meinte, es war jener 9. Oktober, als sie im Hauptbahnhof aus dem Zug stiegen und am Ende des Bahnsteigs eine Polizeikette sahen. Die Ausweise der Fahrgäste wurden kontrolliert. Wer keinen Wohnsitz in Leipzig nachweisen konnte, musste zurück in den Waggon …

Und wie stellte sich die Lage am späten Nachmittag in der SED-Bezirksleitung dar?

17.53 Uhr rief Helmut Hackenberg den Leipziger Stasi-Chef Manfred Hummitzsch an und ordnet an: »Solange es geht, nichts machen!«

Und 18.35 Uhr war dann für den amtierenden 1. Sekretär an diesem historischen Tag der Augenblick der Wahrheit. Noch im Jahr 2019 schilderten mir Kurt Meyer und Roland Wötzel deutlich das Bild, wie sie Hackenberg, auf einer Ecke des Schreibtisches sitzend, vor sich sahen, mit einem Telefonhörer an jedem Ohr. Eine Pose, die aus einem amerikanischen Kriminalfilm hätte stammen können.

Und während er dort auf dem Schreibtisch saß, liefen Zehntausende disziplinierte Demonstranten über den Ring. Jeglicher Polizeieinsatz hätte katastrophale Folgen gehabt.

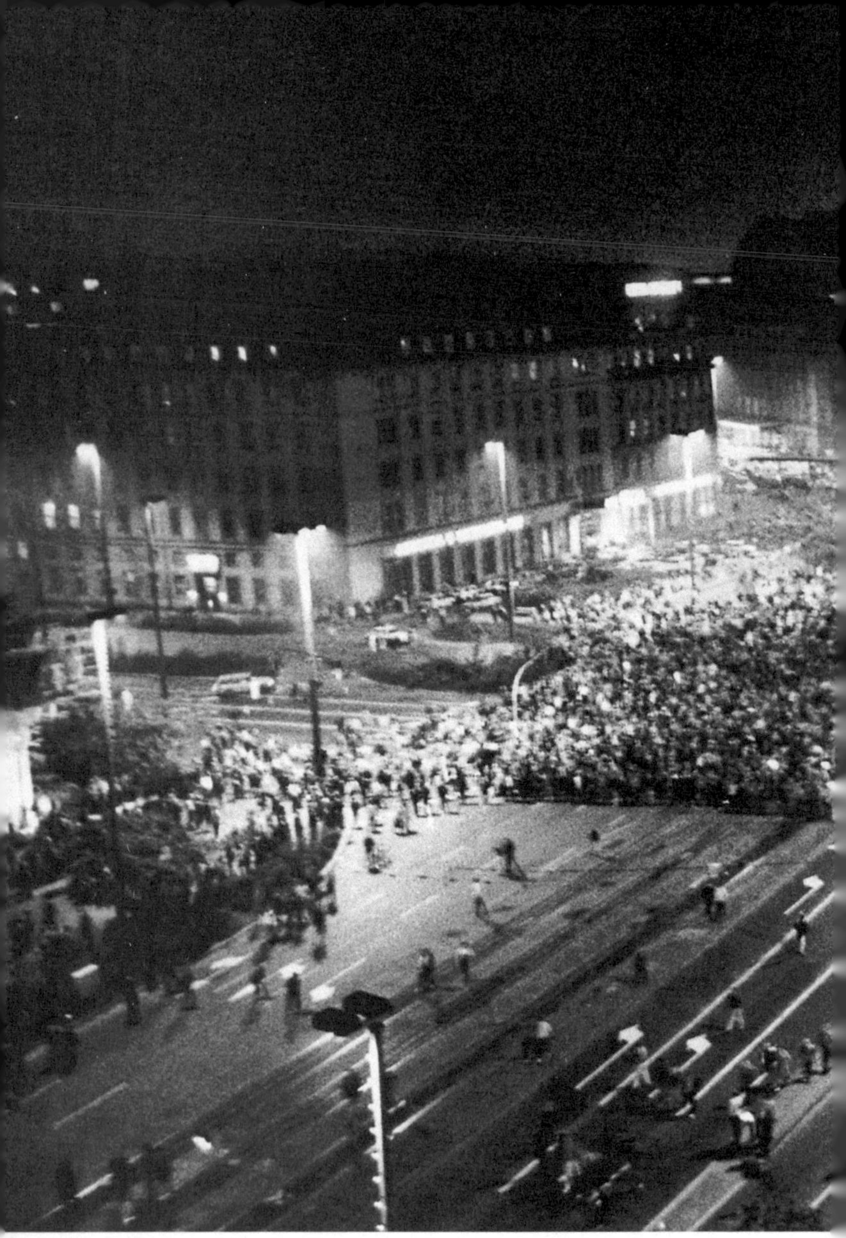

Die Demonstration am 9. Oktober auf dem Leipziger Ring.

Hackenberg ließ »zurückziehen« und zur »Eigensicherung« übergehen.

Die Polizei drehte vorm Hauptbahnhof, am geplanten Einsatzort, ab. Die Fahrzeuge mit den Räumschilden rollten nicht Richtung Ring.

In jenen Stunden gab es an allen entscheidenden Stellen zwischen Berlin und Leipzig eine konsequente Zögerlichkeit, die sich letztlich positiv auf die Ereignisse auswirkte. Rainer Tetzner formuliert es in seinem Buch so: »Nichts sofort zu entscheiden, um erst abzuwarten, was inzwischen geschieht, wurde in dieser Krisenzeit zum Prinzip vieler hoher Verantwortlicher.«

Es lebe die Zögerlichkeit der Macht! Es lebe die Scheu, den Einsatzbefehl zu verantworten!

Die Attacke blieb auf der Strecke. Der Rückzug war der unsichtbar verliehene Orden für den Mut, die Disziplin und Beharrlichkeit der Zehntausende auf der Straße.

Helmut Hackenberg hatte zum Nutzen aller Beteiligten kapituliert.

Walter Süß schreibt in seinem Buch »Staatssicherheit am Ende. Warum es den Mächtigen nicht gelang, 1989 eine Revolution zu verhindern« über den amtierenden 1. Sekretär, der eigentlich der 2. war: »Mit der Entscheidung, den ›Aufruf der Sechs‹ nicht zu blockieren, hatte er eine Vorentscheidung getroffen, die jedoch noch hätte revidiert werden können. Der Befehl, ›zur Eigensicherung‹ überzugehen, war, ex post betrachtet, entscheidend.«

Logischerweise hätte sich Hackenberg gern in Berlin abgesichert, weil er die Verantwortung nicht allein tragen wollte. Aber das Telefon blieb stumm. Und seine Versuche, dort jemand zu erreichen, scheiterten.

So kam es letztlich in dieser knisternden Atmosphäre, in diesen Minuten, in denen es im schlimmsten Fall tatsächlich um Leben und Tod gegangen wäre, zu dem erlösenden, fast schon in sächsische Gemütlichkeit ausartenden Kommentar des Bezirkseinsatzleiters Hackenberg: »Nu brauchense nich mehr anrufen, nu sinn se rum.«

»Se« – das waren die mehr als 70 000 (neueste Berechnungen vermuten gar bis zu bis 100 000) Demonstranten, die mit guten und unguten Gefühlen den Ring umrundet hatten. Und mit jedem Schritt, den sie, ohne von jemand in Uniform bedrängt worden zu sein, vorankamen, stieg die Hoffnung, dass dieser Abend gut ausgehen könnte.

Helmut Hackenberg galt als orthodoxer Funktionär, in der westlichen Terminologie hätte man ihn als »Hardliner« bezeichnet. Sein damaliger Mitgenosse Roland Wötzel sagte später über ihn in einem Interview: »Als nach einiger Zeit kein Anruf kam und der anwachsende Demonstrationszug sich in Richtung Hauptbahnhof, also auf den Punkt zubewegte, wo die Demonstranten nach unserer Kenntnis aufgehalten werden sollten, rief Hackenberg die Leiter aller bewaffneten Organe im Bezirk Leipzig an und forderte sie auf, sich zurückzuziehen. Ich bin mir absolut sicher, dass ohne diese Aufforderung der 9. Oktober 1989 in Leipzig nicht gewaltfrei geendet hätte. Hackenberg hat, ohne eine Entscheidung aus Berlin abzuwarten, gehandelt. Das rechne ich ihm hoch an.«

Walter Süß schreibt in seinem Buch: »Straßenburg, der VP-Chef, hat im Nachhinein behauptet, er sei es gewesen, der der Vernunft zum Sieg verholfen hat. Doch dagegen spricht die Befehlslage: Hackenberg war der Chef.«

Der Aufruf zwang den Bezirkseinsatzleiter Hackenberg zu einer Entscheidung. »Darin«, so Wötzel, »liegt die eigentliche Bedeutung des Aufrufs für den friedlichen Verlauf der Ereignisse.«

Als wir Sechs uns, wie verabredet, nach der Demo wieder bei Masur im Büro trafen, waren alle sichtlich erleichtert. Zimmermann fehlte. Er kam schließlich atemlos angelaufen und rief: »Es klemmt an der BdVP!«

Damit meinte er die Bezirksbehörde der Deutschen Volkspolizei – in jenen Tagen die sensibelste Ecke Leipzigs, wo Stasi und Polizei ihre Trutzburg hatten.

Aber auch an diesem Tag zerbrach dort keine Fensterscheibe, und gab es keine blutige Nase.

Die große Disziplin der Demonstranten führte dazu, dass Polizei und Kampfgruppen keinen Grund hatten, um einzuschreiten. Wenn es zu Randale gekommen wäre, wenn die Demonstranten Polizisten angegriffen, die Scheiben der Delikat- und Exquisit-Läden oder des Intershops eingeworfen hätten, dann hätte auch die Polizei anders reagiert. Wenn an der »Runden Ecke« die Scheiben geklirrt hätten, wäre vielleicht einer durchgedreht und hätte aus Angst geschossen …

In der Nikolaikirche argumentierte Pfarrer Führer an jenem Tag, dass Jesus gesagt habe: »Liebe deine Feinde«, und nicht: »Nieder mit dem Gegner.«

Die Menschen zu lieben, die in der Runden Ecke vermutlich im Dunkeln saßen, damit war jeder, der über den Ring zog, überfordert. Aber den Gegner mit Gewaltlosigkeit zu entwaffnen, das war ein Weg.

In einem Interview brachte es Friedrich Schorlemmer auf den Punkt: »Nach wie vor kann ich es nur als ein Wunder deuten, dass keiner die Nerven verlor. Die Weltgeschichte wäre anders verlaufen, wenn irgendjemand die Nerven verloren hätte.«

Wir alle waren nach der Demonstration im Dienstzimmer von Kurt Masur im Gewandhaus in gelöster Stimmung, die Anspannung ließ spürbar nach. Die Funktionäre fuhren wieder in die SED-Bezirksleitung.

In seinem Buch druckte Krenz unseren Aufruf ab und

schrieb in diesem Zusammenhang »Der damals amtierende 1. Sekretär der SED-Bezirksleitung, Genosse Hackenberg, informierte mich telefonisch von der Absicht der Sechs. Ich sagte, ich sei einverstanden, würde aber noch mal zurückrufen.«

Das stimmt nicht! Das ist sozusagen eine »Krenzverletzung« der Wahrheit.

Krenz wusste gar nichts von dem Vorhaben der drei Funktionäre, weil ihm Hackenberg nichts darüber gesagt hatte. Kurt Meyer, Jochen Pommert und Roland Wötzel waren am Abend in der Bezirksleitung dabei, als Hackenberg mit Krenz sprach. Das war etwa gegen 19.30 Uhr! In diesem Gespräch erkundigte sich Krenz, wie die Lage in Leipzig sei. Daraufhin berichtete Helmut Hackenberg, dass der Abend gewaltfrei verlaufen sei. Und wie die anderen zwei erinnert sich Meyer: »Aber über die gemeinsame Aktion der drei Sekretäre mit Masur, Lange und Zimmermann wurde auch in diesem Telefonat nicht gesprochen.«

Der Aufruf war nicht mit der Berliner Führung abgestimmt worden. Das Politbüro erfuhr erst aus den Tagesthemen, was in Leipzig passiert war.

Wenn das nicht ein Treppenwitz der DDR-Geschichte ist: Jahrelang holten sich die Bürger des Landes ihnen vorenthaltene Informationen und Wahrheiten aus der Tagesschau und den Tagesthemen. Und nun betraf es die Führungsriege selbst einmal!

Nachdem wir uns im Gewandhaus verabschiedet hatten, ging ich in den Pfeffermühlen-Club, um mich dort mit Freunden und Bekannten zu treffen. Der gemütliche Club war ja zu DDR-Zeiten *die* Szenekneipe der Stadt, und bei Überfüllung wussten nur die Stammgäste von der versteckt angebrachten Klingel, mit deren Hilfe sie den beliebten Ort betreten konnten.

Der Club war auch »Tagungsort« unseres Montag-Stammtisches »Gogelmosch«, bei dem sich Leipziger Künstler und historisch interessierte Leipzig-Liebhaber seit 1984 trafen. An diesen Abenden wurden Probleme in der Stadt und im Staat satirisch und humoristisch diskutiert.

Gunter Böhnke hatte das Friedensgebet in der Thomaskirche besucht und kam nach der Demo in den Club. Er erinnert sich so an den 9. Oktober: »Wir hatten das Gefühl, als hätten wir eine Schlacht gewonnen. Ich war sehr erleichtert über den Ausgang der Demonstration, spürte sowohl Dankbarkeit darüber als auch etwas wie Triumph.«

Als ich an diesem Abend in den völlig überfüllten Raum trat, wurde ich von einer fröhlichen Gesellschaft, die alle eben noch Demonstranten gewesen waren, mit Beifall begrüßt.

Strahlende Gesichter. Eine unbeschreibliche Stimmung. Irgendwie machte sich in uns das Gefühl breit, wir hatten gewonnen. Was ich vergessen hatte und woran mich Ulla Heise erinnerte: Ich habe, als ich in den Raum trat, die ersten Standing Ovations meines Lebens bekommen.

Nicht als Kabarettist, sondern als Mitverfasser unseres Aufrufs.

Den hatte Ulla beim Überqueren des Marktes gehört. Sie hatte auch die Militärfahrzeuge mit den jungen Bereitschaftspolizisten gesehen. Und sie hörte im Vorbeigehen, wie einer, von den dort stehenden Leipzigern angesprochen, resigniert erwiderte: »Wir könn's auch nicht ändern.«

Aber wir konnten es doch!

Noch ein Wort zu den drei Funktionären. Roland Wötzel begründet seine Entscheidung am 9. Oktober so: »Es gibt die Parteidisziplin, und es gibt das eigene Gewissen. Ein Teil meines Gewissens ist heute Abend mit auf der Straße.«

Dass Kurt Meyer vor allem durch die Gespräche mit Leipziger Künstlern einen anderen Blick auf das Land bekam, habe ich schon geschrieben.

Jochen Pommert führte als Sekretär für Agitation und Propaganda ein straffes Regime.

Wie kam es bei ihm zu diesem Sinneswandel?

Er sagte dazu: »Die Meldungen waren politisch unverantwortlich. Die ganze Geschichte ist doch durch Unverständnis gegenüber der Situation entstanden. Von der Führung bis in die Bezirks- und Kreisleitungen hat sich die Argumentation fortgesetzt, dass es sich nicht um Demonstrationen reifer Bürger handelt, sondern um Zusammenrottungen.«

Die Mehrheit des Politbüros hat tatsächlich geglaubt, dass die Demonstrationen vom Westen gesteuert seien. Honecker fehlte vermutlich die Phantasie, um sich vorzustellen, dass die Mehrheit des Volkes mit seinem schönen Sozialismus nicht glücklich und zufrieden ist.

Ich habe Jochen Pommert auch nach dem unsäglichen Brief des Kampfgruppenkommandeurs gefragt. Obwohl er Sekretär für Agitation und Propaganda war, kann er nur vermuten, wie jene Zeilen in die LVZ lanciert wurden. Über seinen Schreibtisch sei das mit Recht große Aufregung verursachende Schreiben jedenfalls nicht gegangen. Er hat es auch erst in der Zeitung gelesen. Das Schreiben wurde vermutlich von der SED-Stadtleitung über die Sicherheitsabteilung der Bezirksleitung direkt an die Leipziger Volkszeitung gegeben.

Nichts ist phantastischer als die Wirklichkeit: Ausgerechnet am 9. Oktober stand auf dem Konzertplan im Gewandhaus Richard Strauss' Tondichtung für großes Orchester »Till Eulenspiegels lustige Streiche«. Das Volk hatte seiner Führung zwar keinen lustigen, aber einen ganz besonderen Streich gespielt.

Als Masur das Podium betrat, brandete ihm starker Applaus entgegen, und nach dem Konzert fand er sein Auto mit Blumen bekränzt.

Als Roland Wötzel nach Hause kam, war der Weg zu seinem Haus ebenfalls mit Blumensträußen geschmückt. Am Gartenzaun hing ein besonderes Präsent. Dem Schenkenden war nicht entgangen, dass Wötzel gern zum Joggen aufbrach (er war regelmäßiger Teilnehmer des Rennsteiglaufes). Und nun hing dort ein nagelneuer Trainingsanzug – sogar vom Klassenfeind!

In den ARD-Tagesthemen um 22.30 Uhr wurde ein von Hanns Joachim Friedrichs vorher aufgezeichnetes Telefoninterview mit dem Begründer der Friedensgebete, Christoph Wonneberger, gesendet. Friedrichs sprach ihn auch auf unseren Aufruf an, besonders auf den dort erwähnten »freien Meinungsaustausch«, und fragte: »Bedeutet das eine erste Öffnung?«

Wonneberger sagte: »Dieser Aufruf hat uns alle überrascht, weil alles darauf hindeutete, dass es einen großen Polizeieinsatz gibt.«

Darauf meinte Friedrichs: »Sie müssen doch sehr glücklich darüber sein, dass sich nun auch einige Parteifunktionäre aus der Deckung gewagt haben.«

»Ja, ich fühle mich ungeheuer erleichtert.«

Das ging natürlich den obersten Genossen vom Politbüro in Berlin ganz anders. Aus ihrer Sicht war es ungeheuerlich, dass drei SED-Bezirkssekretäre der Parteiführung dem Genossen Erich Honecker in den Rücken gefallen waren.

Die drei Funktionäre haben viel gewagt. Mehr als wir

drei anderen. Da sie sich an die Demonstranten als gleichberechtigte Partner wandten, legalisierten sie letztlich die Aktion der Massen, die in den SED-Zeitungen bis zuletzt diffamiert worden waren.

Im Aufruf der Leipziger Sechs war besonders bemerkenswert, dass darin erstmals von einem »freien Meinungsaustausch« die Rede war – das war bis dahin in der Öffentlichkeit nicht erlaubt gewesen. Die Partei konnte sich dem Gespräch mit dem Volk über Veränderungen und Reformen nicht länger verweigern.

Das bedeutete den Durchbruch zur Redefreiheit.

Auch im Aufruf des Neuen Forums vom 9. Oktober ging es um den endlich beginnenden Dialog. Der Text forderte »Dialog statt Gewalt« und »Offenheit, Dialog und Erneuerung«.

Der Arzt Andreas Schwarzer erzählte mir von einem unbeschreiblichen Glücksgefühl, das ihn nach der Demonstration erfasste. »Jetzt muss sich was ändern in der DDR! Endlich! Ich habe mir den Hals rausgebrüllt an der Runden Ecke. Stasi raus!!! Das war so befreiend nach diesen Jahren. Therapie. Selbstfindung. Wir haben mit Polizisten am Schwanenteich gesprochen, und sie sagten uns, dass sie auch keine Gewalt wollen. Es war deutlich zu sehen, dass an diesem Abend der Staat Macht abgegeben hatte. Und das hatten die Massen auf der Straße geschafft.«

Das System schreckte nicht mehr.

Karl Marx schrieb einst: »Die Revolution ist die ruckartige Nachholung verhinderter Entwicklung.« Wie passend. Die Menschen in der DDR hatten sich einen Ruck gegeben!

Danach

Alle drei Funktionäre erhielten am späten Abend einen Anruf und wurden frühzeitig in die Bezirksleitung in der Karl-Liebknecht-Straße bestellt, weil dort eine Sondersitzung des Sekretariats anberaumt worden war. Kurt Meyer erinnert sich: »Als ich hinkam, waren dort nur Hackenberg und die Genossen Wötzel und Pommert anwesend. Hackenberg informierte uns, dass er nach Berlin ins Politbüro fahren müsse und jeder von uns habe eine Stellungnahme zu seinem Verhalten an Honecker abzugeben. Dann haben wir wie die Primaner in einer Klausur an unterschiedlichen Tischen gesessen und unsere Stellungnahme formuliert. Ich machte deutlich, dass ich mir über die Tragweite dessen, was ich getan habe, im Klaren sei, dass ich nichts zu bedauern hätte, jederzeit wieder so handeln würde und bereit sei, die Konsequenzen zu tragen.«

Pommert meinte: »Ich werde keine Stellungnahme schreiben. Ich sehe keinen Grund.«

Alle drei erhielten quasi Hausarrest, durften die Bezirksleitung nicht verlassen.

Wie würde das Politbüro reagieren?

Kurt Meyer meinte, dass sie nur vermuten konnten, welche Funktionäre im Politbüro gegen ihre Aktion sein würden. Mit Erich Honecker, Erich Mückenberger und Günter Mittag musste man auf alle Fälle rechnen.

In der Politbürositzung sagte Honecker über die drei

Leipziger SED-Funktionäre: »Nun sitzen die Kapitulanten schon in der Bezirksleitung.«

Als Hackenberg von der Besprechung aus Berlin zurückkam, behielten sie zwar ihre Ämter, und er meinte jovial, dass man ihnen ja nicht gleich den Kopf abreißen müsste, aber die Kritik an ihrer Aktion ging weiter: »Ihr habt die Partei verraten, das Sekretariat gespalten, seid uns in den Rücken gefallen. Am 9. Oktober habt ihr die Sicherheitskräfte verunsichert!«

Diese Formulierung hat mir besonders gefallen: Drei Parteifunktionäre verunsichern ihre Sicherheitskräfte.

Das SED-Organ Leipziger Volkszeitung druckte am 10. Oktober den »Aufruf der Sechs« nicht ab, kein Wort über die drei Funktionäre. Hackenberg wollte das nicht. Das Blatt kam aber nicht umhin, in einem knappen Text von der Demonstration zu berichten: »Am Montagabend versammelten sich im Leipziger Stadtzentrum einige Tausende zu einer nicht genehmigten Demonstration. Sie war im Wesentlichen von Besonnenheit geprägt. Es gab keine Provokationen gegen Personen, keine Ausschreitungen gegen Einrichtungen und die Einsatzkräfte der Deutschen Volkspolizei, die zur Aufrechterhaltung von Ordnung, Ruhe und Sicherheit in der Stadt eingesetzt waren. Diese wurden deshalb nicht gezwungen, einzugreifen.«

Immerhin sind es nun nicht mehr »ungesetzliche Zusammenrottungen« von »größeren Personengruppen« mit »eindeutig antisozialistischer Tendenz« wie Tage vorher. Die Formulierung »einige Tausende« versucht, die Anzahl der Demonstranten zu verringern.

Ein hilfloser Versuch. Als hätten es die Leipziger nicht mit eigenen Augen gesehen und weitererzählt.

Nur die Zeitung der National-Demokratischen Partei Deutschlands – die jüngeren Leser werden jetzt verblüfft sein, dass es in der DDR solch eine Partei gab –, die Mitteldeutschen Neuesten Nachrichten, brachte den Aufruf in vollem Wortlaut. Dort hieß es außerdem: »Gegen halb sechs ließ das akustische Zeichen des Stadtfunks aufhorchen. Noch einmal der Dreierton, dann erklang die ruhige Stimme Professor Kurt Masurs ... Der spontane Beifall der Umstehenden nach den in Abständen mehrmals wiederholten Worten war bereits eine erste Antwort auf die abschließend geäußerte Bitte nach Besonnenheit, damit dieser friedliche Dialog möglich werde. Die Besonnenheit der sich anschließend durch die Stadt bewegenden Menschen und die Besonnenheit der Ordnungskräfte, die für den Ablauf dieser – nicht genehmigten – Demonstration sorgten, bekräftigte dies nachdrücklich.«

In den vier Kirchen waren ja am Vortag zwei Appelle verlesen worden. Neben dem »Aufruf der Sechs« ein von den kirchlichen Arbeitskreisen Gerechtigkeit, Menschenrechte sowie Umweltschutz formulierter Text unter dem Leitgedanken »Keine Gewalt!«.

Die ARD-Tagesthemen boten am 10. Oktober Sensationelles. Zwei mutige Männer hatten am Vorabend kurz vor der Demonstration mit der Erlaubnis von Pfarrer Hans-Jürgen Sievers den Turm der Reformierten Kirche bestiegen. Siegbert »Siggi« Schefke filmte von dort mit einer Videokamera, wie sich der Zug der Demonstranten über den Ring bewegte. Aram Radomski fotografierte. Mit einem unglaublichen Partisaneneinsatz gelangte die Videokassette nach Berlin-Ost. Dort wurde sie einem Spiegel-Korrespondenten übergeben und nach Berlin-West geschmuggelt. Westliche Journalisten durften inzwischen nicht mehr nach Leipzig einreisen, deshalb hatte es auch keine bewegten Bilder vom Leipziger Ring gegeben.

Die Aufnahmen waren unbeschreiblich, die Menschen

zwischen Hamburg und Suhl, Aachen und Frankfurt/ Oder und natürlich vor allem in Leipzig saßen mit Gänsehaut und Tränen in den Augen vor den Fernsehgeräten. Durch diesen Bericht erfuhren Millionen, was sich in der Messestadt abspielte.

Am 10. Oktober schrieben Michael Arnold und Edgar Dusdal, Gründungsmitglieder des Neuen Forums in Leipzig, einen Brief an jeden der Sechs. Sie erklärten ihre »Gesprächsbereitschaft« bei der »Gestaltung und Einübung in eine neue gesellschaftliche Öffentlichkeit«. Es ging ihnen mit Recht darum, dass »innerhalb der neu zu schaffenden Öffentlichkeitsformen keine gesellschaftlichen Probleme bzw. Themen ausgegrenzt werden«.

Am 12. Oktober erhielt ich einen Brief, den Rainer Müller, Bernd Oehler, Thomas Rudolph und Kathrin Walther vom Arbeitskreis Gerechtigkeit unterschrieben hatten. Darin hieß es: »Mit Freude und Interesse vernahmen wir die während der Friedensgebete am 9. Oktober verlesene und im Stadtfunk zu hörende Erklärung, die Sie und weitere Persönlichkeiten und Repräsentanten der Stadt Leipzig unterzeichneten. Uns, einige Mitarbeiter eines kirchlichen Arbeitskreises, der sich mit dem Thema Menschenrechte befasst, hat ebenfalls die Sorge und Verantwortung um unsere Stadt und unser Land zusammengeführt ... Auch wir wünschen uns einen freien Meinungsaustausch über die Weiterführung des Sozialismus in unserem Land.«

Solche Aussagen sind Belege dafür, worum es in diesen Tagen ging: um ein anderes Land, einen reformierten Sozialismus und nicht, wie man mitunter lesen kann, um das geeinte Deutschland. Daran dachte in jenen Tagen hier noch kein Mensch.

»Wir stimmen mit Ihnen darin überein, dass Besonnenheit notwendig ist, um den friedlichen Dialog zu ermöglichen.«

Zum 10. Oktober findet sich im Stasi-Archiv das folgende Fernschreiben:
»im zusammenhang mit den jüngsten ereignissen in leipzig beabsichtigte der spd-partei- und fraktionsvorsitzende vogel, hans-joachim sich an den mitunterzeichner der ›gemeinsamen erklärung‹ von mitgliedern der sed-bezirksleitung leipzig und prominenten kulturschaffenden, generalmusikdirektor kurt masur, zu wenden. vogel hielt es für angebracht, gegenüber dem dirigenten für sein engagement ›meinen respekt und meine sympathie‹ zum ausdruck zu bringen. da er daran zweifelt, dass ein derartiges telegramm den empfänger erreicht, sollte kurt masur die hochachtung vogels fernmündlich übermittelt werden.

falls der generalmusikdirektor nicht angetroffen werden sollte, gab vogel als alternative den pfarrer der nikolaikirche führer, christian für sein ›danktelegramm‹ an.«

In den Stasi-Akten las ich auch den Bericht über den DDR-Korrespondenten einer westlichen Zeitung (Name geschwärzt), der vermutlich am Telefon abgehört wurde. Der Mann war am 9. Oktober mit dem Zug (vermutlich aus Berlin) nach Leipzig gefahren und von der Demonstration »zutiefst beeindruckt«. Er sagt: »Sicherungskräfte seien kaum zu sehen gewesen, hätten in Anbetracht der großen Menge von Demonstranten auch nichts ausrichten können.« Dann ist in dem Stasibericht festgehalten: »Mit großer Anteilnahme hatte (Name geschwärzt) die per Lautsprecher in der ganzen Stadt abgegebene Resolution zur Kenntnis genommen, derzufolge sich 3 hochrangige Parteifunktionäre aus dem Bezirk Leipzig, der Leiter des Gewandhausorchesters Prof. Kurt Masur, ein Pfarrer sowie ein Kabarettist dafür verbürgen, dass sowohl in Leipzig als auch mit der Partei- und Staatsführung der Dialog aufgenommen werde.

Nach Ansicht von (geschwärzt) könne dies ›für Leipzig die Wende bedeuten.‹«

Es wird ja immer behauptet, dass der Begriff »Wende« von Krenz stamme. Hier hätten wir einen Beleg, dass ihn ein Journalist schon am 10. Oktober gebraucht hatte ...

Hauptmann Richter von der Staatssicherheit hat am 10. Oktober die »Meinungen zur aktuellen Lage im Rat des Bezirkes« ergründet. In dem Bericht heißt es: »Bezüglich des Angebotes der Sekretäre der SED-BL an die Demonstranten« schätzte sein Gesprächpartner ein, »... dass dieses richtig war und Ausschreitungen verhindert hat. Die SED-BL tagte seit dem Morgen. Es ist nicht bekannt, ob das Vorgehen der drei Genossen abgestimmt war und demzufolge ist auch die Reaktion der Parteiführung momentan nicht einzuschätzen. Sollte es eine Eigeninitiative sein, so besteht die Möglichkeit dass ihre Absetzung erfolgt, was sie zu ›Märtyrern‹ und Idolen der Demonstranten machen würde. Sollte dies nicht erfolgen, sind sie als die führenden ›Reformer‹ im Bezirk anzusehen.«

Am 11. Oktober erschien im Sächsischen Tageblatt ein Text, dem ein Telefoninterview mit Superintendent Friedrich Magirius zugrunde lag. Er wertete unseren Aufruf » als ein erstes ermutigendes Zeichen für einen zu beginnenden Dialog, dem konkrete Gesprächsangebote folgen müssten ... Dieses am Montag gesetzte Zeichen, so Magirius abschließend, müsse bewahrt werden ...«

Die Tageszeitung der CDU im Bezirk Leipzig, Die Union, brachte unter »Lokales« einen kurzen Text mit der Überschrift »In gemeinsamer Sorge um inneren Frieden« und berichtete von der großen Gemeinde, die am Vortag in der Nikolaikirche gebetet hatte und wo der Landesbischof Dr. Johannes Hempel einen Appell zur Gewaltlosigkeit an die Besucher richtete.

Die Erklärung der Sechs hatte Superintendent Friedrich Magirius vorgetragen. Über dem Bericht war zufällig(?) das Foto eines restaurierten alten Handelshauses in Leipzig abgedruckt, an dessen Fassade »Johann Christian Freygang« zu lesen ist. Zehntausende hatten sich am Tag zuvor zu einem besonderen »Freigang« entschlossen. Der abgedruckte Fortsetzungsroman auf derselben Seite hieß kurioserweise »Zugespitzte Situation« – das passte.

Das bis 1989 verweigerte Gespräch mit dem Volk über Veränderungen und Reformen musste nun endlich beginnen. Darauf hatte auch ich schon viele Jahre gehofft. Ich habe im Leipziger Herbst immer an den Prager Frühling denken müssen. 21 Jahre später spürte ich, dass ein Modell, wie man es sich damals für die ČSSR erdacht hatte, in meiner Heimat möglich werden könnte.

Um die Situation aphoristisch zu beschreiben: Selbst mit aller Macht war die Ohnmacht nicht zu retten.

Das Ministerium für Staatssicherheit verfasste am 11. Oktober einen Bericht über die zwei Tage zurückliegende Montagsdemonstration. Darin heißt es: »Es kam zu keinen Gewalthandlungen; vorbereitete Maßnahmen zur Verhinderung/Auflösung kamen entsprechend der Lageentwicklung nicht zur Anwendung.«

Nur diese Formulierung – kein Name, kein Verantwortlicher, keine konkrete Institution, aber ein Segen, dass keine Maßnahmen zur Anwendung kamen.

In den Materialien des Ministeriums für Staatssicherheit findet sich auch der Aufruf vom 9. Oktober, der von den Mitgliedern und Befürwortern des »Neuen Forums« verfasst wurde. Der Text endet mit der Aufforderung:

»Lesen Weitergeben Vervielfältigen.«

Ob das wohl Mitarbeiter des Ministeriums in Berlin beherzigt haben …?

Immer mehr Menschen und auch Kollektive suchten die Öffentlichkeit.

Von der Bühne des Leipziger Schauspielhauses wurde die Resolution der Kollegen des Staatsschauspiels Dresden verlesen, in der es heißt: »Eine Staatsführung, die mit ihrem Volk nicht mehr spricht, ist unglaubwürdig … Eine Parteiführung, die ihre Prinzipien nicht mehr fortwährend auf Brauchbarkeit untersucht, ist zum Untergang verurteilt … Wir haben ein Recht auf Information … Wir haben ein Recht auf Dialog … Wir haben ein Recht auf Widerspruch … Wir haben ein Recht auf Reisefreiheit … Wir haben ein Recht, uns einzumischen … Wir haben die Pflicht, zu verlangen, dass Lüge und Schönfärberei aus unseren Medien verschwinden … Wir haben die Pflicht, den Dialog zwischen Volk und Partei- und Staatsführung zu erzwingen.«

Christa Gottschalk, die Grande Dame des Leipziger Theaters, erzählte mir, wie sie staunend auf dem Karl-Marx-Platz unter Tausenden stand und zu Freunden sagte: »Dass wir das noch erleben!« Und man dachte dabei auch an die vielen, die es nicht mehr erleben konnten …

In den Stasi-Unterlagen der Bezirksverwaltung Leipzig gibt es einige handschriftliche Seiten von einer Anleitung am 11.10.89. Die folgenden Zitate aus dem Dokument folgen der Originalorthografie. Ein Teilnehmer hielt fest: »… aus Veranstaltungen in der Niko, Thomas, Michaelis und Ref. Kirche entwickelte sich gewaltlose ungen. Demo entlang des Ringes um die Innenstadt.«

Ich stelle mir ein Gespräch unter Stasi-Leuten vor: »Bist du heute in der Niko?«

»Nee, ich muss in de Thomas.«

Interessant finde ich eine Frage, die während der Anleitung auftauchte: »Warum keine Info der Kräfte VP, MfS vom Aufruf (Masur, Zimmermann, Pommert ...).

War nicht bekannt, entspricht nicht der einheitlichen Auffassung der Parteiführung, im Sekretariat der BL nicht beschlossen.«

Man spürt das große Erstaunen, hier ist etwas passiert, was außerhalb der gewohnten Strukturen lief. Dann wundert man sich auch nicht, wenn in der Diskussion der dort versammelten Stasi-Genossen (die ja tatsächlich am besten wussten, was in diesem Land los war) das folgende Fazit gezogen wird: »SED wird in ihrem gegenwärtigen moralischen Zustand dem Druck nicht standhalten Man muß mit diesen Leuten reden, man kann nicht mehr bis zum XII PT warten Politbüro reagiert nicht.«

Über »XII PT« werden viele Leser rätseln. Damit ist der geplante 12. Parteitag der SED gemeint.

»Wir müssen Maßnahmen einleiten um wieder große Teile der Bevölkerung hinter uns zu bringen vom Gegner lösen.«

Wenn sie so viel wussten ... wie können sie denn annehmen, dass sie schon mal große Teile der Bevölkerung hinter sich hatten? »Wir müssen mit neuen Demos rechnen.«

Dann gehen die Genossen noch einmal auf unseren »Aufruf« ein und sprechen eine Erwartungshaltung an: »14 Tage Zeit, wenn bis dahin nicht reagiert wird – dann Auseinandersetzungen ungeahnten Umfangs – Streiks würden wir nicht überleben.«

Das war ja das Besondere dieser Revolution: tagsüber wurde gearbeitet und abends demonstriert! Kein Streik, nirgendwo. Das passte auch nicht in das Bild, das man sich von Konterrevolutionären gemacht hatte ... die sogar die

Demonstranten aufforderten: »Schützt die öffentlichen Anlagen!«

Erstaunt registriert die Staatssicherheit: »… die 60Tausend waren kein Mob Blumensträuße für VP und KG.«

Das war nun völlig außerhalb ihrer Vorstellungskraft: Polizisten und Kampfgruppen-Angehörige werden nicht mit Steinen oder anderen Wurfgeschossen attackiert, sondern – mit Blumen!

Was sind da bloß für Menschen auf der Straße?

Über die Demo am 9. Oktober steht im handschriftlichen Protokoll: »Zerschlagung war geplant«.

Es wird darauf verwiesen, wie wichtig das Angebot der drei Sekretäre der Bezirksleitung war, in dem sie zum Dialog aufriefen. Wenn die VP eingegriffen hätte: »Ereignisse wären außer Kontrolle geraten«. Und deshalb wird das Fazit gezogen: »Aufruf war für Sicherung des Abends bedeutsam … 3 Sekretäre müssen den Dialog nun führen.«

Es wird auch darauf verwiesen, dass immer mehr Angehörige der Kampfgruppen nicht zum Einsatz erscheinen oder den Befehl verweigern.

»Bevölkerung hat Erwartungshaltung, E. Honecker soll Standpunkt der Partei darlegen und Lösungswege zur Beratung stellen.«

Da er den Standpunkt vertrat, in der DDR wäre alles gut, kam von ihm nichts mehr.

»Vertrauensschwund hinsichtlich Handlungsfähigkeit der Regierung.

Verfassungsfeindlichkeit des ›Neuen Forums‹ wird nicht mehr geglaubt.«

In der Diskussion fällt gegen Ende noch ein besonders interessanter Satz: »Wir haben uns etwas vorgenommen für die werktätigen Menschen, wenn wir heute feststellen, dass der werktätige Mensch auf der Straße ist, so muß es doch zu denken geben.«

Und vielleicht kam manchem Genossen auf dem Nachhauseweg der Gedanke, dass das, was man sich »vorgenommen« hatte, überhaupt nicht im Sinne des werktätigen Menschen war ...

Kurt Masur schrieb später in einem Beitrag für die Frankfurter Allgemeine Zeitung über den 9. Oktober: »Wenn Mut haben heißt, dass man Angst überwinden lernt, dann war das an diesem Abend so. Die Verantwortung, die wir übernommen haben, ist weit über unsere Befugnisse hinausgegangen. Es war fast unglaublich für uns alle, dass kein einziger Zwischenfall, keine einzige Verhaftung, keine gewaltsame Handlung stattfand. Das wurde dann eigentlich zum Modellfall für unser Land.«

Kurt Meyer, als verantwortlicher Sekretär für Kultur, begleitete Masur nach den bewegenden Ereignissen um den 9. Oktober auf einer Konzerttournee durch die Sowjetunion. Als er dort erfuhr, dass Egon Krenz zum neuen Generalsekretär der SED ernannt worden ist, sagte Masur zu Meyer: »Jetzt ist alles verloren!«

Von Montag zu Montag wuchs nun die Zahl der Transparente. Alle Eingaben über die Jahrzehnte hatten ja nichts genutzt. Da sagten sich die Bürger: Wir müssen eben etwas größer schreiben, damit wir zur Kenntnis genommen werden.

Erstaunlich, dass bei der unglaublichen Masse an handgeschriebenen Transparenten im Land nicht die Besenstiele zum Engpass wurden.

Ich fand besonders kurios, dass das Friedensgebet und die anschließenden Demos jeweils montags stattfanden. Warum? Weil an diesem Wochentag doch immer zu den Parteiversammlungen in den Institutionen und Betrieben geladen wurde. Und jetzt hatte sich hier eine völlig neue, inhaltlich entgegengesetzte Tradition etabliert.

Statt dem Parteisekretär lauschte man ausgerechnet einem Pfarrer!

Und während sich die Bürger normalerweise nicht vehement auf den ersten Tag der Arbeitswoche freuten, konnten viele Menschen am Sonntag kaum den Montag erwarten.

Egbert Herfurth erinnert sich an eine Szene, die typisch für den Umbruch ist. Am volkseigenen Kaufhaus Topas, heute residiert dort die Commerzbank, stand eine Postenkette der Bereitschaftspolizei. Ein Demonstrant hatte offensichtlich einem Uniformierten etwas zugerufen und kritisiert, dass er hier im Einsatz war. Der antwortete ihm aber schlagfertig: »Mensch, mach mich nich färdsch! Ich werd bald entlassen, und dann steh ich auf deiner Seite!«

Am 13. Oktober war Krenz mit hochrangigen Vertretern der Sicherheitsbehörden der DDR in Leipzig, um mit den verantwortlichen Genossen vor Ort zu sprechen. Mit den drei Funktionären der »Leipziger Sechs« nahm er keinen Kontakt auf.

Aber nach dem 9. Oktober war in Leipzig alles anders. Unmögliches wurde möglich.

Am Sonnabend, den 14. Oktober, also nur fünf Tage nach dem bahnbrechenden Montag, moderierte ich im academixer-Keller die Debatte »Zur Medienpolitik in der DDR«. Und ich bin mir ziemlich sicher, dass damit in Leipzig die erste freie öffentliche Diskussion seit Bestehen der Republik stattfand.

Vertreter aller Leipziger Zeitungen saßen im Parkett (damals gab es immerhin vier!), Verantwortliche der Sektion Journalistik der Karl-Marx-Universität, ein Vertreter des Zentralinstituts für Jugendforschung, ein Superintendent, ein Kampfgruppenkommandeur. Ich begrüßte ein Mitglied des »eigentlich gar nicht existierenden ›Neuen Forums«« und den Sekretär für Agitation und Propaganda der SED-Bezirksleitung.

Eine gediegene Besetzung.

Jürgen Hart, Chef der »academixer«, wies einleitend darauf hin, dass wir »de facto seit zwölf Jahren ein Auftrittsverbot für Satire im Fernsehen haben«, dass Kabarettisten selten im Rundfunk auftauchen und es im Land auch Zeitungen gibt, die Satire nicht besprechen.

An diesem Vormittag schlugen die Wogen der Erregung drei Stunden lang hoch. Alle Plätze waren besetzt, und viele Leute standen noch im Raum. Die Besucher waren sich einig: Es ging nicht mehr um eine »Volksaussprache« alten Stils, also eine Kampagne, sondern um einen gleichberechtigten Dialog. Es ging darum, verloren gegangenes Vertrauen zurückzugewinnen, es ging um wahrhaftige Berichterstattung und Information. Meinungspluralismus. Und die Andersdenkenden müssten nun endlich auch zu Wort kommen.

Ich hatte noch nie in der DDR so viele emotional aufgewühlte Menschen erlebt. Eine Blutdruckmessung hätte bei einigen Besuchern gefährliche Werte gezeigt, und es musste tatsächlich auch die »Dringliche Medizinische Hilfe« für einen Gast geholt werde. Bei ihm streikte der Kreislauf.

Als ich Rudi Röhrer, Chefredakteur der Leipziger Volkszeitung, fragte, was er denn jetzt ändern wolle und wie er sich einen gleichberechtigten Dialog vorstelle, verfiel er sofort in altbekannte Phrasen: »Dieser Dialog muss nach vorn gerichtet sein, dieser Dialog muss helfen, diese Verkrustungen zu beseitigen, diese Gesellschaft, wie wir sie als sozialistische Gesellschaft haben, nach vorn zu befördern.«

Mit »Kadern« wie ihm konnte nichts mehr nach vorn befördert werden. Es gab in der Leipziger Volkszeitung mit Bernd Locker, dem langjährigen Rezensenten unserer Ka-

Die Literaturwissenschaftlerin Dr. Christel Hartinger im academixer-Keller bei der ersten freien und öffentlichen Diskussionsveranstaltung nach dem 9. Oktober in Leipzig.

barettprogramme, und anderen reformwilligen Kräften eine Palastrevolution, und acht Wochen später war Röhrer nicht mehr Chefredakteur.

Ich habe auf der Kabarettbühne resümiert: »Die LVZ hat größte Bedeutung für den Leipziger Herbst. Sie hat so lange gegen die Demonstranten gehetzt, bis der letzte gemütliche Sachse gesagt hat: ›Awwr so nich! Nu grade!‹«

Einen Tag nach der Diskussion im academixer-Keller gab es die nächste Veranstaltung. Roland Wötzel hatte den befreundeten Rektor der Karl-Marx-Universität gefragt, ob er nicht eine öffentliche Gesprächsrunde ausrichten könne. Auf der Bühne der »Veranstaltungstonne« in der »Moritzbastei« saßen Gastgeber Horst Hennig, der Theologe Kurt

Nowak, Roland Wötzel und ich. Zu diesem »Politischen Frühschoppen« hatte der Rektor etwa 200 Besucher erwartet, es kamen mehr als 1500. Über Lautsprecher wurde die Veranstaltung in alle Räume übertragen.

Aus dem Buch »Redefreiheit. Öffentliche Debatten der Bevölkerung im Herbst 1989«, das Thomas Ahbe, Michael Hofmann und Volker Stiehler herausgegeben haben, stammen alle verwendeten Originalzitate nach den Tonbandmitschnitten aus diesen Veranstaltungen. In einer Einführung zur Dokumentation der Debatte sind einige Schwerpunkte der emotionalen Diskussion in der »Moritzbastei« genannt:

»Neben scharfen Analysen und strategischen Überlegungen standen gewitzte Polemiken gegen die drei Tage zuvor veröffentlichte Erklärung des Politbüros und die aus ihr herauszulesende Hinhaltetaktik der SED-Führung. Zu den wichtigen Forderungen gehörten die nach Reisefreiheit, der Legalisierung des ›Neuen Forums‹ und der Demonstrationen. Zudem wurde gefragt, aufgrund welcher Verfahren und nach welchen Kriterien Demonstrationen oder politische Neugründungen für zulässig oder für illegal erklärt würden.

Der Führungsanspruch der SED wurde immer wieder problematisiert. Ihm wurde ein in der DDR-Verfassung angelegter sozialistischer Pluralismus gegenübergestellt. Vom Podium und vom Publikum aus wurde mehrfach kritisiert, dass die Mächtigen nun zwar eine scharfe Wende vollziehen – diese aber nicht mit der Bewältigung der Vergangenheit oder wenigstens dem Eingeständnis von Fehlern verbinden wollten.«

Wir diskutierten über die Aufgabe der Medien in diesem Zusammenhang, fürchteten wir doch, dass durch die Hinhaltetaktik der SED-Führung alles wieder in einer Kampagne zu erstarren drohte. Deshalb sagte ich: »Wir brauchen jetzt nicht Kosmetik, sondern Chirurgie!« und resümierte: »Die Leute werden nicht von der Straße gehen, ehe nicht ganz konkrete Ergebnisse vorliegen.« Auch an diesem Vormittag war vielen Rednern die immense innere Erregung anzumerken.

Roland Wötzel erhielt mehrfach Beifall vom Publikum, als er zum Thema Reisefreiheit sagte: »Wir brauchen für jeden Bürger einen Reisepass. Ich glaube, wir hätten weniger verloren über Ungarn. Ich glaube aber auch, dass, wenn wir das jetzt machen, noch einige verlieren werden, und das müssen wir in Kauf nehmen! Ich bin viel mehr überzeugt von denen, die gerufen haben ›Wir bleiben hier!‹, und ich glaube, mit denen sollten wir vor allen Dingen im Dialog sein.«

Das war von einem SED-Funktionär am 15. Oktober schon eine beachtliche Aussage.

Ich sehe noch Helmut Warmbier vor mir im Raum. Seine Aufgeregtheit bei jedem Satz war nicht zu übersehen. Er war einmal an der Karl-Marx-Universität Philosophiedozent gewesen, wurde 1974 aus der SED ausgeschlossen und verlor seine Arbeitsstelle. Nun stand er in einem Raum des Studentenklubs jener Universität und konnte das erste Mal in seinem Leben öffentlich von seinen Problemen mit dieser DDR reden.

Ähnlich ging es auch Petra Lux, die aus politischen Gründen 1983 als Leiterin des Jugendklubhauses »Jörgen Schmidtchen« entlassen wurde und nun in die Debatte eingriff. Sie war Sprecherin des »Neuen Forums«.

Am Montagabend, den 16. Oktober kam mir am Karl-Marx-Platz eine Bekannte lächelnd entgegen. Sie trug ein Transparent mit der Aufschrift »Wir brauchen Chirurgie statt Kosmetik.« Sie war in der »Moritzbastei« gewesen, ihr hatte mein Satz so gefallen, dass sie ihn auf ein Transparent schrieb. Für mich unvergesslich.

An diesem Montag war die Atmosphäre auf den Straßen natürlich viel entspannter als acht Tage zuvor. Und auch das war völlig neu: ein Polizeiauto und ein Polizeimotorrad fuhren zum ersten Mal vornweg, um den Demonstrationszug zu sichern.

Ich sah ältere Ehepaare, die eingehenkelt über den Ring marschierten, als liefen sie durch den Clara-Zetkin-Park, und junge Menschen, die mit Freunden oder Arbeitskollegen gekommen waren. Sie riefen »Erich, laß die Faxen sein, laß die Perestroika rein!«

An diesem Montag strömten über 120 000 Menschen über den Ring. Am Tag danach trat das Politbüro zusammen, und am 18. Oktober wurde Honecker seines Amtes enthoben. Auf der Kabarettbühne sagte ich damals: »Und als hätten wir's geahnt, hatten wir in Leipzig schon eine ›Straße des 18. Oktober‹!«

Für die Nichtkenner sei eingefügt, dass Kaiser Napoleon 1813 mit seinen Verbündeten an diesem Tag in Leipzig die entscheidende Niederlage in der Völkerschlacht hinnehmen musste. Und nun hatten Demonstranten in Leipzig das Schicksal von Generalsekretär Honecker besiegelt.

Das hätte sich der uneinsichtige starrköpfige Parteichef nicht träumen lassen, dass er zehn Tage nach seiner Lobeshymnen-Rede zum 40. Jahrestag der DDR gestürzt würde. Aber was hatte Gorbatschow gesagt? »Wer zu spät kommt, den bestraft das Leben.«

Und Honecker hatte enorme Verspätung.

Es häuften sich nun in der Menge Transparente und Losungsrufe für »Freie Wahlen«. So schnell kann sich das Leben ändern. Vor einem halben Jahr noch Wahlbetrug durch die Parteiführung und nun die Forderung nach Wahlen, die garantiert ein Debakel für die SED bedeuten würden. »Neues Forum zulassen« tauchte immer wieder auf.

Als ich mich in Höhe der Thomaskirche befand, sah ich auf dem Fußweg neben der Normaluhr Superintendent Magirius und Roland Wötzel stehen. Ich trat aus der Menge und begrüßte sie. Nach meinem Eindruck tröstete der Seelenhirt den Funktionär ein wenig im Angesicht Tausender freiwilliger Demonstranten, die für eine andere DDR sorgen würden.

Als ich zu den Vorüberziehenden blickte, sah ich meinen Gemeindepastor Gerhard Riedel. Gemessenen Schrittes lief der bärtige Mann im Zug und wirkte wie ein Prophet. Er erinnert sich daran, dass an diesem Abend »We shall overcome« angestimmt wurde, aber auch Kinderlieder wurden gesungen, da sich inzwischen junge Paare mit ihren Kindern auf die Straße trauten.

Eine Woche später leitete Gerhard Riedel das Friedensgebet in der Peterskirche und konnte an jenem Montag noch nicht ahnen, dass er am 4. Dezember in der Bezirksverwaltung der Staatssicherheit General Hummitzsch kennenlernen würde, der ihm die Schlüssel für die Kammern im Keller übergeben musste und zu ihm sagte: »Wir haben mit den Kerzen nicht gerechnet.«

Sie hatten mit Steinen gerechnet und nun die Schlüsselgewalt verloren.

Am runden Tisch traf Gerhard Riedel später auch auf Roland Wötzel. Der Pastor und der Funktionär begannen den Dialog. Beide Vogtländer.

Aber zurück zum 16. Oktober: Roland Wötzel musste wegen seines Autos auf die andere Straßenseite und sich deshalb durch die Menge der Demonstranten schlängeln. Plötzlich wurde er von einem Bekannten, garantiert einem Genossen, entdeckt: »Hallo, Roland, komm, marschier mit!«

Und Wötzel sagte in einer Mischung aus Verlegenheit und Bedauern: »Nee, das kann ich nicht.«

Ich reihte mich wieder in den Demonstrationszug ein.

Der spätere Schriftsteller Clemens Meyer als Kind mit seiner Mutter auf einer Leipziger Montagsdemo im Oktober 1989.

Vor der berühmten Runden Ecke, dem Stasi-Gebäude, war die Lage immer am angespanntesten. Polizisten, ausgerüstet mit Helmen und Schilden, standen dort. Leute stellten brennende Kerzen vor sie hin. Junge Leute vom Neuen Forum drängten besonders Neugierige oder auch aufgebrachte Demonstranten mit dem entwaffnenden Hinweis ab: »Geht bitte weiter, die Polizisten haben auch Angst!« Sie trugen Schärpen mit der Aufschrift »Keine Gewalt«.

Als der Demonstrationszug eine haltende Straßenbahn überholte, sah ich hinter der Scheibe eine alte Frau sitzen, die alle Vorbeiziehenden mit dem Victory-Zeichen grüßte.

Die herausragende Leistung von Kurt Masur war, dass er ein Konzerthaus zu einem Gesprächsort für die Demokratisierung einer Diktatur gemacht hat – und das am Karl-Marx-Platz.

Jahrzehntelang hatte die Partei verkündet, dass alles im

Die Leipziger Sechs auf der ersten Dialog-Veranstaltung im Gewandhaus, Oktober 1989. Von links: Bernd-Lutz Lange, Roland Wötzel, Peter Zimmermann, Kurt Masur, Jochen Pommert und Kurt Meyer.

Sinne von Karl Marx ist, was sie beschließt, und jetzt ging es an jenem Platz, der seinen Namen trug, um die Wahrheiten in der Wirklichkeit. Das Versprechen, über die Zukunft zu reden, wurde von den »Leipziger Sechs« eingelöst. Dazu gehörte selbstverständlich eine Bestandsaufnahme der Vergangenheit, der Gegenwart und ein Ausblick auf die Zukunft.

Wie soll dieses Land verändert werden?

Alle sechs Unterzeichner luden am Sonntag, den 22. Oktober das erste Mal zum »Dialog am Karl-Marx-Platz«. Wir hatten mit den Gesprächen warten müssen, bis Kurt Masur von seiner Tournee mit dem Gewandhausorchester wieder zurück war. Die erste Debatte stand unter dem Thema »Zum sozialistischen politischen System der DDR«.

Geplant war eigentlich, das sich auch andere Mitglieder der SED-Bezirksleitung, des Rates des Bezirkes oder Funktionäre der FDJ und des FDGB daran beteiligen, aber Hackenberg informierte die drei Funktionäre, dass man im Sekretariat beraten habe und nur Meyer, Pommert und Wötzel an dem Dialog teilnähmen. Meyer weiß noch genau: »Wir hätten uns die Suppe eingebrockt, nun sollten wir sie auch auslöffeln. Also saßen wir sechs da vorne auf der Bühne, und nach der ersten Veranstaltung sagte man uns im Sekretariat, da sitzt ihr nun wie die Angeklagten und lasst euch von den Leuten die Probleme um die Ohren hauen. Ich antwortete damals: ›Damit fängt's an, dass wir die Fähigkeit entwickeln müssen, zuzuhören, dass wir wieder lernen müssen, die Wahrheit auszuhalten.‹«

Fazit des Podiums nach den ersten Wortmeldungen, die aufgeregt und mit viel Herzblut vorgetragen wurden: Wir brauchen in der DDR neue Mechanismen der Machtausübung, damit von oben nicht weiterhin am Volk vorbeiregiert wird.

Das waren neue Töne im Gewandhaus. Ein vielstimmiges Sprechkonzert unter Mitwirkung von über 600 Leipzigern unter dem Sonderdirigat von Professor Kurt Masur gelangte zur Aufführung. Er war ein hervorragender Moderator, brachte frei sprechend viel Substanzielles ein und benannte viel Problematisches. Es zeigte sich vor allem: Diese Menschen hatten tatsächlich ihre Sprachlosigkeit überwunden. Sie bewiesen einen enormen Zuwachs an Zivilcourage, den ich so nach den Jahren der Stagnation nicht mehr für möglich gehalten hätte. Das machte mir Mut, und ich dachte damals, wenn diese gebündelte Volksweisheit, diese konkreten Vorschläge für eine Reformierung der Gesellschaft schnell umgesetzt würden, dann müsste aus diesem Land auch in kurzer Zeit viel zu machen sein.

Diese erste Veranstaltung wirkte auf mich wie eine Inventur der DDR, eine Auflistung der wichtigsten Pro-

Dialogveranstaltung im Foyer des Gewandhauses, Oktober 1989.

Dialogveranstaltung im Mendelssohn-Saal des Gewandhauses, Oktober 1989.

bleme, vom Werte- und Normenverfall über die Fehler in der Schul- und Bildungspolitik bis zu den politischen Grundsätzen des Neuen Forums. Es gab fünf solche Debatten, die den Beginn der Volksaussprache eröffneten. Bei dem Thema »Sozialistische Demokratie – aber wie?« saßen und standen 1200 Besucher im Foyer des Gewandhauses.

Außerdem wurde zu den Themen »Brauchen wir die Künste wirklich?«, »Probleme des Gesundheitswesens« und schließlich am 12. November »Erwartungen an eine neue Regierung« debattiert.

Am 17. November luden die »Leipziger Sechs« zu einer internationalen Pressekonferenz ins Gewandhaus. Unter der Überschrift »Leipziger Postulate« wurde eine Materialsammlung vorgestellt, die sozusagen einen Extrakt aus den Dialogen zog, Forderungen und Vorschläge auflistete. Das Material erhielten die Regierung, die Volkskammer, der Bezirkstag und die Stadtverordnetenversammlung.

Es ging zum Beispiel darum, »die Verfassung unseres Landes zu reinigen und zu ergänzen«.

Es sollte ein »Medien-, Parteien- und Wahlgesetz« geschaffen werden. Dazu gehörten freie Wahlen, eine Verwaltungsreform sowie die Einheit der individuellen und sozialen Menschenrechte. Diese Gesetze »müssen die demokratische und entscheidende Mitarbeit aller interessierten Menschen ermöglichen und jederzeit die öffentliche Kontrolle der verliehenen Macht erlauben«.

Im Blickpunkt standen »individuelle und soziale Menschenrechte ... auch ein Widerstandsrecht der Bürger; die Kundgebungsdemokratie, ›Wir sind das Volk!‹, brauchen wir wie die Luft zum Atmen.« Verlangt wurde eine »tabufreie Aufarbeitung unserer Vergangenheit«.

»Ungeheuerliche« Forderungen standen im Raum: Dass Leitungsfunktionen nur nach Kompetenz besetzt werden

Gewandhaus zu Leipzig

daß nie ei-ne Mut-ter mehr ih-ren Sohn be-weint, ih ren Sohn be-weint.

Leipziger Postulate

Leipzig, am 17. Oktober 1989

Titelseite der A5-Broschüre der »Leipziger Postulate«. Das Datum enthält einen Tippfehler, richtig ist der 17. November 1989.

dürfen und es für die Umwelt entlastende Formen der Energieversorgung geben müsse. Unabhängige Gerichte und Richter, Rehabilitierung und Wiedergutmachung von politisch Verfolgten. Staatsbürgerkunde abschaffen und freie Schulen zulassen, Ausschluss jeglicher Zensur und die Rettung der historischen Bausubstanz von Leipzig …

Nur kurze Zeit nach dem entscheidenden 9. Oktober konstatierten wir am 17. November: »Wir gehen zu auf eine Demokratische Republik Deutschland als unser neues Deutschland.«

Für alle Themen der »Leipziger Postulate« galt, dass öffentliche Diskussionen Grundlage sämtlicher Entscheidungen sein müssen. Schon fünf Wochen nach dem legendären 9. Oktober hatten damit die »Leipziger Sechs« ihr Versprechen eingelöst. Die Forderungen und Vorschläge zeigten den Weg in eine andere DDR. Eben lebten all jene, die sich zu Wort gemeldet hatten, noch in einer Diktatur, und nun hatten sie die bis jetzt verschlossene Tür in eine Demokratie geöffnet.

Man kann ohne Übertreibung sagen: Schon einen Tag nach dem 9. Oktober hatten die Leipziger Demonstranten die Zensur und die eigene Schere im Kopf abgeschafft. Es wurde Fraktur geredet.

Die »Leipziger Postulate« enden mit einem Text von Jürgen Groß:

> EINE BITTE
> Bleiben Sie.
> Bleiben Sie in einem Land,
> Das es nicht gibt.
> Aber geben wird,
> Wenn Sie bleiben.

Durch die enorme Dynamik nach der Maueröffnung erhielten diese thematisch aufgeschlüsselten Texte nicht mehr die Aufmerksamkeit, die sie noch wenige Tage vorher in der Bevölkerung gehabt hätten.

Mit dem 9. November war im Land eine völlig neue, unvorhersehbare Situation eingetreten.

Der Versprecher eines Politbüro-Mitglieds brachte den »antifaschistischen Schutzwall« zum Einsturz und löste außerdem nicht lange danach den größten Immobiliendeal der Weltgeschichte aus.

Das von Jürgen Groß erträumte Land blieb durch die Ereignisse eine Fata Morgana.

Im Nachhinein muss man konstatieren: Die intensivste Zeit der Friedlichen Revolution, der überall spürbare Aufbruch – das waren die Wochen vom 9. Oktober bis 9. November 1989 …

Bald kamen aus Berlin Töne auf, dass die »Wende« durch die Führung der Partei, also vor allem in Person des neuen Generalsekretärs Egon Krenz, ausgelöst wurde.

In dem Dokumentarfilm »Der Tag der Entscheidung« von Ekkehard Kuhn hat sich Kurt Masur dazu geäußert, wem das – neben den Demonstranten im Land – besonders zu danken ist: »Allen Leipzigern. Allen, die hier waren. Denen, die auch physisch ihr Leben riskiert haben, aber auch all denen, die auf ihrem Platz versucht haben, das zu tun, was ihnen möglich war, um diese Gewalt zu verhindern … Jeder von den Politikern, der jetzt für sich in Anspruch nehmen will, dass er das verhindern wollte, dem kann man nur sagen, es wurde ja nicht verhindert, dass die Menschen in Todesangst auf die Straße gegangen sind. Die Todesangst hatten sie. Sonst hätte man ihnen ja vorher am Fernsehschirm sagen können, hört zu Leute, wir sprechen mit euch, wir tun nichts. Das hat man nicht getan, man hat gehofft, dass allein die Drohung ausreichen würde, um die Menschen wieder zur Raison zu bringen.

Und allein das ist ein Verbrechen, allein das war unmenschlich.«

Wenige Tage nach unserem Aufruf sagte uns Peter Zimmermann, dass er seit 1973 mit der Staatssicherheit Gespräche geführt hatte. »Stasi und kein Ende«, überschrieb die Leipziger Volkszeitung vom 19. Januar 1991 ein Interview mit dem Theologen. Seine Geschichte ist ein Beispiel für paradoxe Lebensläufe, wie sie die DDR hervorbrachte. Er versicherte gleichzeitig, dass sein Engagement am 9. Oktober damit nichts zu tun hatte. In dem ganzseitigen Interview beschreibt er seine Motivation, warum er als Informeller Mitarbeiter tätig war: »Ich dachte, ich muss diesen Leuten klarmachen, warum wir als Christen nicht staatsfeindlich oder gegnerisch sind.« Ob er wirklich glaubte, aktiv etwas zu gestalten, oder letztlich nur benutzt wurde, kann hier nicht geklärt werden.

Bereits kurz nach den Ereignissen am 9. Oktober in Leipzig vermeldete der »Deutschlandfunk« ein entsprechendes Gerücht. Zimmermann offenbarte sich daraufhin am 15. Oktober 1989 vor dem Fakultätsrat der Karl-Marx-Universität.

Seine Mitarbeit am Aufruf der »Leipziger Sechs« schmälert das nicht, handelte er doch aus eigenem Antrieb und – wie die Rückgabe seiner Auszeichnung am 7. Oktober zeigt – brach mit dem SED-Regime.

Am 17. November 1989 erfolgte die Umbenennung des Ministeriums für Staatssicherheit in Amt für Nationale Sicherheit. Die alten »Kader«, wie man das Personal in der DDR nannte, agierten nun in dem neuen Amt. In ihren »Thesen für einen Diskussionsbeitrag auf der Bezirksparteiaktivtagung« ziehen die Tschekisten der Bezirksverwaltung für Staatssicherheit am 23. November in Leipzig ein

Resümee. Darin heißt es: »Die Ereignisse um den 7. bis 9. Oktober zeigten, daß das alte Sicherheitsdenken überholt war, im Widerspruch zur Lage stand und durch das Volk mit Massenaktionen abgelehnt wurde …

Die Auswirkungen dieser falschen Politik der ehemaligen Parteiführung spüren wir jeden Montag ganz unmittelbar durch die verschiedensten lautstarken Losungen vor unserem Haus … Wir gehen davon aus: Nicht alle, die montags demonstrieren, sind Feinde des Sozialismus, aber alle sind auch nicht unsere Freunde.«

Da liegen sie nahe an der Wahrheit!

»Das alte Sicherheits- und Selbstverständnis des MfS hat schlimme Folgen erbracht: Wir waren mit Aufgaben betraut worden, ja haben sie uns teilweise selbst auferlegt, die uns nicht zustanden.«

»Auferlegt« ist ein schönes Tarnwort für »angemaßt«. Das hat sie aber nicht davon abgehalten, über Jahrzehnte ein ganzes Volk zu bespitzeln, einzuschüchtern und zu bedrohen. Mit einem Mal sehen die sozialistischen Geheimdienstler alles klar: »Das Ergebnis war ein aufgeblähter Apparat des alten Ministeriums.«

Aber wer trägt denn nun eigentlich die Verantwortung für diesen ganzen Überwachungswahn?!

»Die Verantwortung, die Schuld dafür, dass die Massen so zornig sind, liegt bei der falschen Politik der ehemaligen Parteiführung, die das MfS zur Absicherung dieser falschen Politik missbrauchte.«

Wer hätte das gedacht: die Stasi als Opfer!?

Zum 9. Oktober wird in den Thesen festgehalten: »Es war ein schwerer, aber unumgänglicher Entschluß, den Aufruf der sechs Leipziger Persönlichkeiten mit zu stützen, sich gegen den obersten Befehl zu stellen und somit Blutvergießen zu verhindern.«

Und nun finden sie in der neuen Situation zu der Erkenntnis: »Repression ist für einen wirklich neuen, menschlichen, weil demokratischen Sozialismus nicht annehmbar ...«

Also arbeiteten die Genossen in einem alten, unmenschlichen und undemokratischen Sozialismus und glaubten, bruchlos für eine neue Ordnung tätig werden zu können.

Unmittelbar nach den machtvollen Oktoberdemonstrationen 1989 wurde unserem Aufruf und vor allem auch dem Engagement der drei Sekretäre eine große Bedeutung beigemessen. Im »Spiegel« stand über die Unterzeichner: »... und sensationellerweise drei SED-Funktionäre«.

Der Historiker Prof. Dr. Werner Bramke schrieb am 17. November 1989 über die drei: »Sie, so wurde es am 9. Oktober deutlich, hatten seit längerem den Ernst der Lage erkannt ... Wer außerhalb der Partei kann sich vorstellen, was es heißt, wenn drei Bezirkssekretäre ohne Absicherung und gegen den Willen der eigentlich Mächtigen eigenständig handeln? Wer sich das vorstellen kann, der lege sich die Frage vor, wie er gehandelt hätte, und bedenke dabei, dass sie die ganze Last der Verantwortung auf ihren gar nicht so breiten Schultern trugen. Damit soll die Rolle Masurs, Langes und Zimmermanns in keiner Weise geschmälert, nur betont werden: Die Machtträger waren die von der SED.«

Und Bramke zieht aus seiner Sicht das Resümee: »Der Historiker, noch einmal zur Vorsicht gegenüber vorschnellem Urteil gemahnt, vermutete dennoch, dass in späteren Büchern zur DDR-Geschichte ein etwa so formulierter Satz stehen könnte: Der Schritt der Sechs hatte historische Tragweite.«

In Publikationen wurde der Aufruf vom 9. Oktober anfangs von Publizisten und Historikern entsprechend der damaligen geschichtlichen Situation gewürdigt. Doch gab es seither auch diesen und jenen Versuch, ihn unbeachtet zu lassen oder umzudeuten.

Im Laufe der nunmehr dreißig Jahre verschwanden in Texten die Namen der Sekretäre der Partei-Bezirksleitung, oder sie tauchten unter der Formulierung »und drei Funktionäre der SED« auf. Ich finde aber, dass es wichtig ist, ihnen Respekt zu zollen, denn wäre jener Montag anders verlaufen, hätte das für sie schlimme Folgen gehabt. Deswegen meinte Roland Wötzel einmal sinngemäß, dass zum friedlichen Verlauf einer Auseinandersetzung eben zwei Seiten gehören. Die eine war bewaffnet und die andere nicht. Es war das Verdienst beider Seiten, dass alles friedlich blieb.

Ich erinnere mich, dass der Journalist und Schriftsteller Christoph Dieckmann in einem Beitrag für »Die Zeit« in diesem Zusammenhang schrieb: »Dass kein Blut floss, war Gnade. Auch denen, die nicht schossen, sei ein Knopf vom Mantel der Geschichte zugestanden.«

Am 9. Oktober 1990 – für mich unvergesslich – saßen auf Einladung von Christian Führer neben Masur, Zimmermann und mir auch Wötzel, Meyer und Pommert in der Bank der Nikolaikirche, und wir wurden anschließend vom Bundespräsidenten Friedrich von Weizsäcker zu einem Gespräch empfangen. Masur stellte uns schwarzhumorig vor: »Nun will ich Sie einmal mit den anderen Galgenvögeln vom 9. Oktober bekannt machen.«

Weizsäcker hat den Funktionären noch Respekt gezollt. Es gab ein interessiertes Gespräch.

Dann gerieten die drei mehr und mehr in Vergessenheit. Zum 25. Jahrestag 2014 wurden sie weder zum Festakt am 9. Oktober ins Gewandhaus noch zum traditionellen Friedensgebet in die Nikolaikirche eingeladen. Deshalb habe ich an beiden Veranstaltungen nicht teilgenommen, denn: wir waren damals sechs. In der LVZ gab es viele Zuschriften, die meine Meinung teilten.

Ich sagte damals zu meiner Frau: »Wenn ich der Oberbürgermeister wäre und über diese Sache nachdenke, dann würde ich die Sechs auf einen Kaffee einladen.« Vielleicht zwei Wochen später klingelte das Telefon. Und Burkhard Jung lud uns auf einen Kaffee ein. Masur war im Ausland, und Zimmermann konnte aus Bremen nicht kommen. Aber der Rathauschef nutzte die Chance, die drei Genossen kennenzulernen, die in Leipzig einmal viel Macht gehabt hatten, denen in einer zugespitzten Situation die Sorge um die Menschen auf den Straßen aber wichtiger war als ihre Parteidisziplin. Und die Leipziger Volkszeitung zitierte ihn resümierend: »Ich wollte wissen, was diese sechs Männer damals vor 25 Jahren angetrieben hat. Die Rolle der damaligen SED-Bezirksleitung wurde und wird kaum diskutiert. Wie ist es zu bewerten, wenn hochrangige Mitglieder der SED-Bezirksleitung damals plötzlich nicht mehr loyal zu ihrem Staat standen …«

Welche Dynamik sich aus den Montagsdemonstrationen entwickelte – davon hatten wir in jenen Tagen noch keine Vorstellung. Wir ahnten nicht, dass die Menschen am 9. Oktober nicht nur die DDR verändern würden. Nun leben wir seit fast dreißig Jahren in einem neuen Deutschland und auf einem Kontinent, in dem die Länder von der Konfrontation zur Kooperation übergegangen sind. Auch dafür legten die Leipziger am 9. Oktober den Grundstein.

Und aus dem sozialistischen Teil Europas wurde ein westliches östliches Europa.

In jenem Jahr 1989 spielte die Evangelische Kirche in der DDR tatsächlich eine revolutionäre Rolle, denn wo sonst hätten sich die Menschen in dieser DDR versammeln sollen? In keinem Rathaus, Museum oder Kulturhaus wäre es ihnen gestattet worden – das war nur im Freiraum

Besucher des Friedensgebets in der Nikolaikirche im Oktober 1989.

Kirche möglich. Die Friedfertigkeit des Neuen Testaments schien tatsächlich auch die Atheisten erfasst zu haben. Christian Führer nannte die Losung »Keine Gewalt« immer die kürzeste Form der Bergpredigt.

Klaus Harpprecht geht in seiner Biografie über den Gefängnisgeistlichen «Harald Poelchau – Ein Leben im Widerstand« auf die Rolle der Kirche im Herbst 1989 ein: »In der einstigen DDR, in der die christliche Botschaft der Gewissensfreiheit 1989 zum großen Impuls einer Massenbewegung und ihrer friedlichen Revolution geworden war, schienen die Kirchen noch einmal den Rang respektierter Institutionen zurückzugewinnen – die Einzigen, die weit über das Trümmerfeld des verfallenden Sozialismus emporragten. Dies war ein kurzer Traum …«

Ja, es war ein kurzer Traum, aber das Unglaubliche ist, wie es Christian Führer in einer Predigt gesagt hat: »… eine Revolution ohne Blutvergießen, eine Friedliche Revolution, eine Revolution, die aus der Kirche kam. Ein Wunder biblischen Ausmaßes!«

Und in einer Predigt, die er in der Ansgarkirche in Kiel am 2. September 2012 (knapp zwei Jahre vor seinem Tod) anlässlich eines Treffens ökumenischer Friedensgebetsgruppen aus ganz Deutschland hielt, sagte er rückblickend: »Dass die Genossen und Funktionäre der DDR, die so herablassend auf Kirche wie auf ein Relikt der Vergangenheit herabgeblickt, sich selbst als Sieger der Geschichte verstanden haben, ausgerechnet an einer so entmachteten und schwachen Kirche gescheitert sind, ist unglaublich und für viele nicht fassbar. Honecker selbst hat in seinen letzten Tagebuchaufzeichnungen am 7. Januar 1993 als einen der letzten Sätze notiert: ›Mein Gott, dass das alles so kam.‹«

Der Satz spricht nicht etwa dafür, dass Honecker am Ende seiner Tage zum Glauben fand (obwohl er ja sogar mitten in der DDR nach seiner Entmachtung Asyl bei einem evangelischen Pfarrer erhielt!), nein, in dieser auch von Atheisten gebrauchten Redewendung »Mein Gott« steckt einfach die helle Verzweiflung, auf welche Weise die Geschichte ihn überrollte.

Für mich gab es ein erstes Erschrecken nach diesen bewegenden Tages des Herbstes am 22. November. Damals stand in der Leipziger Volkszeitung ein Artikel unter der Überschrift »Und keiner schaute auch nur auf seinen Nebenmann«.

Der Beitrag bezieht sich auf Beobachtungen, die eine Leserin auf dem Hauptbahnhof gemacht hatte. Am Tag zuvor warteten Massen von Menschen, wie zu den Demos auf dem Ring, auf einem Bahnsteig des Hauptbahnhofs in Leipzig. Als der Zug gegen sieben einfuhr, »setzten sich die Menschen rücksichtslos in Bewegung. Keiner achtete mehr auf den anderen, alles stürzte vorwärts … Darunter viele

Ein Sonderzug nach West-Berlin im Leipziger Hauptbahnhof am 11. November 1989. Auf der Jagd nach dem Begrüßungsgeld.

junge Muttis mit Kinderwagen, Kleinstkindern an der Hand ... Alle drängten und schoben sich zu den Türen hinein, sogar durch das Fenster versuchten sich erwachsene Menschen zu hangeln.«

ADN vermeldete: »Am 21. 11. 1989 kam es durch starken Andrang auf dem Hauptbahnhof Leipzig zu einem schweren Unfall. Eine 59jährige Bürgerin stieß im Gedränge bei der Einfahrt des Ex 100 Gera–Leipzig–Berlin gegen die Wand eines Wagens, rutschte zwischen Wagen und Bahnsteig. Sie verstarb an den Folgen des Unfalls.«

Die Solidarität der Straße in einer unblutigen Revolution war zu Ende.

Den ersten Toten der Revolution gab es im Kampf um einen Platz im Abteil auf der Fahrt nach Westberlin, auf der Jagd nach dem Begrüßungsgeld.

Ein Bekannter schrieb mir am 5. Dezember 1989 aus Bad Homburg. Julius Becke wurde 1927 in Leipzig geboren und von der Schulbank in den Krieg geschickt, erst Flakhelfer, dann zur Wehrmacht eingezogen. 1949 kehrte er aus französischer Kriegsgefangenschaft nach Leipzig zurück. Gestohlene wichtige Lebensjahre, ich habe ihn immer wieder ermuntert, sich diese Zeit von der Seele zu schreiben. Und er tat es. Peter Hinke von der Connewitzer Verlagsbuchhandlung veröffentlichte 1999 Beckes Buch »Really the Blues. Eine Jugend 1927–1948«.

Julius Becke war nach seinem Erleben in der Nazizeit besonders allergisch gegen diktatorische Strukturen, die er im Nachkriegs-Leipzig wieder erlebte. Bis 1953 arbeitete er als Sprecher beim Mitteldeutschen Rundfunk, dann verließ er die DDR.

1989 saß er in Bad Homburg vor dem Fernsehapparat, und ich spürte in jeder Zeile seines Briefes, wie ihn die Bilder im Fernsehen aufgewühlt hatten. Julius Becke meinte: »Wir haben in den letzten Wochen mehr ferngesehen als im ganzen Jahr zusammen.« Seine Frau und er waren fassungslos über diese »ungeheure, weil friedliche Befreiung«. Und die beiden beschäftigt die Frage, »in welche Richtung die Revolution führen wird: in die bedingungslose Akzeptanz des Kapitalismus oder in eine alternative widerständige Position«.

Und dann beschreibt er seine Erfahrung mit dem realen Kapitalismus der Bundesrepublik, als 68er, all die Kämpfe und Theorien, und analysiert seine Sicht auf Sozialismus und Stalinismus. »Wenn ich so durchlese, was ich geschrieben habe, so könntest Du den Eindruck gewinnen, dass uns nichts anderes als die Schatten der Revolution beschäftigen, dass wir in intellektueller Distanz bleiben. Aber es ist gerade andersherum: Weil uns ständig Gefühlsströme überwältigen, wenn ich den Ring in Leipzig sehe und den großen breiten Strom der Menschen, wenn wir wieder einmal spüren, was Solidarität ist, dieser kurze Augenblick der Verbundenheit im Strom der Geschichte, in der wir Objekte sind und nicht Subjekte, wenn ich mit Rotz und Tränen die Tempos verbrauche, dann muß ich auf die Gefühlsbremse treten, damit ich noch was erkenne. Aber da denke ich nicht nur an die Ökonomie-Diskussion, sondern auch daran, daß viele in der DDR eine Identität bewahren wollen, die nicht die unsere ist: die beleidigte Intelligenz, der mühsam aufrechte Gang, die gespaltene Zunge, – das ist ein Leidensweg, der in einem Kaufhaus nicht enden möchte. Das sind Erfahrungen, die produktiv werden möchten. Vielleicht fürchten manche unter Euch, daß unter einem kommenden Aufputz Eure Spuren verschwinden. Oder fürchten wir, dass wir nach Thüringen fahren und sagen: das ist ja wie in Hessen?!«

Bettina Kratsch erinnert sich noch an einen Montag nach dem 9. Oktober, an dem sie gesehen hat, wie aus einem Auto Fahnen und Transparente gereicht wurden. Die waren nicht mehr mit der Hand geschrieben, die waren perfekt hergestellt. Dann bemerkte sie, dass es ein Westauto war.

Ab wann sind wir nicht mehr über den Ring gelaufen?

Ich weiß das Datum nicht mehr, erinnere aber mich genau an den Moment. Es war auf alle Fälle nach dem 9. November, die Mauer war gefallen. Als ich mit meiner Frau Stefanie in Höhe des Opernhauses angekommen war, fiel mir plötzlich neben der Straße ein Stand der westdeutschen Rechtsaußen-Partei Die Republikaner auf.

Sie verteilten Kugelschreiber, Abziehbilder, Werbe- und Informationsschriften.

Es war für uns unbegreiflich, dass die Demonstranten, die die Mauer zum Einsturz gebracht hatten, auch diese Propaganda im Osten Deutschlands ermöglicht hatten.

Und eine Woche später sahen wir dann eine Gruppe der NPD mit Fahnen und Transparenten. Meine Frau ging zu einem Polizisten, der am Rand stand, und meinte, das könne man doch nicht zulassen. Der warf einen Blick auf die Gruppe und zuckte nur mit den Achseln.

Ich entsinne mich an einen kleinen Stand, oder war es eher ein ambulanter Händler, der sich eine entsprechende Gerätschaft umgehängt hatte und auf dem Fußweg neben dem Ring stand.

Und der warb für »Demo-Bockwurst«.

Da dachte ich, der ist schon in der Marktwirtschaft angekommen.

Wie sagte Karl Marx? »Jede Befreiungsbewegung verändert ihren Charakter, wenn sie von der Utopie zur Realität übergeht.«

Wie gedenken wir der Friedlichen Revolution?

Inzwischen bin ich auch der Auffassung, dass man den Leipziger Karl-Marx-Platz in »Platz der Friedlichen Revolution« hätte umbenennen müssen. Dort ist alles passiert, und deshalb sollten die Namensschilder am authentischen Ort stehen.

Einem Teil des Wilhelm-Leuschner-Platzes – wo in Sachen Herbst-Demos nun reinweg gar nichts los war – diesen Namen zu geben entpuppt sich als eine Schnapsidee zugezogener Neuleipziger. Die Idee, ein Denkmal an dieser Stelle zu errichten, wurde von der Mehrheit der Leipziger bereits vor der Realisierung begraben. Und nun gibt es außer der Ansage »Platz der Friedlichen Revolution« in Straßenbahn, S-Bahn und der nach ihm benannten City-Tunnel-Station nichts, was an das bedeutende Ereignis erinnert. Steigen Touristen dort aus und betreten den Platz, sehen sie – wie ich es einmal im Kabarett ausdrückte – das zentrale Nichts von Leipzig. Fragen sie eventuell einen Einheimischen: »Und hier fanden im Herbst 89 die großen Demonstrationen statt?«, so erfahren sie: »Nee, das war da vorn auf dem Augustusplatz.«

Und dann wundern sich die Besucher und konstatieren etwas verwirrt: »Aha, so ist das.«

Der Pfarrer der Nikolaikirche, Christian Führer, meinte 1990 nicht umsonst, dass es besser gewesen wäre, den 9. Oktober zum Feiertag zu erklären und nicht den 3. Oktober, das Vollzugsdatum für den Eintritt in die Bundesrepublik.

Marianne Birthler, einst Bundesbeauftragte für die Stasi-Unterlagen, sagte während der Leipziger Buchmesse 2019 in der LVZ-Arena, dem Veranstaltungsort der Leipziger Volkszeitung: »Viele denken immer, der Tag des Mauerfalls am 9. November hätte uns Ostdeutschen die Freiheit gebracht. Das ist aber wirklich nicht richtig.« Und sie weist ausdrücklich darauf hin, dass die demokratische Revolution, die am 9. Oktober 1989 in Leipzig stattgefunden hat, erst den Mauerfall ermöglichte.

Von den Politikern der alten Bundesrepublik erinnerten vor allem Richard von Weizsäcker und Hans-Dietrich Genscher an diese Tatsache.

Um den Unterschied in der Geschichte Deutschlands im vergangenen Jahrhundert zu verdeutlichen: Westdeutschland hat die Demokratie von den Alliierten geschenkt bekommen. Ostdeutschland hat sie sich nach zwei Diktaturen selbst erkämpft.

Fritz Stern, ein weltbekannter US-amerikanischer Historiker deutscher Herkunft (er wurde 1926 in Breslau geboren), schreibt in seinem Erinnerungsbuch »Fünf Deutschland und ein Leben«: »Für den 9. Oktober war eine gewaltige Demonstration in Leipzig geplant, und niemand wusste, ob es zu einem Blutbad unter den Demonstranten kommen würde, wie auf dem Tiananmen-Platz vor nur vier Monaten.«

Stern schreibt auch von unserem Aufruf, hat vor allem Achtung vor den disziplinierten und besonnenen Demonstranten. Und er zog das Fazit, »dass 1989 der strahlendste Moment in Europas dunkelstem Jahrhundert war«.

Ein Drittel der heute in Leipzig lebenden Bevölkerung hat den 9. Oktober miterlebt, welche Rolle spielt das Datum im Bewusstsein der anderen zwei Drittel?

Das von der Stadt veranstaltete »Lichtfest« hat sich über die Jahre zu einem »Event« entwickelt, das lediglich dazu dient, so viel Touristen wie möglich nach Leipzig zu locken. Als ich 2017 am 9. Oktober nach dem Friedensgebet in der Nikolaikirche mit meiner Frau und Roland Wötzel, den wir zufällig getroffen hatten, die Grimmaische Straße entlang in Richtung Augustusplatz gingen, fragte er ganz naiv zwei junge Mädchen: »Was ist denn eigentlich heute in Leipzig los?«

Und sie sagten lachend zu ihm: »Wir feiern gern Party, und heute ist wieder eine.«

Ich wünsche mir von Herzen, dass an jedem 9. Oktober eines Jahres Menschen um den Ring laufen und wissen, warum sie das tun. Die einen zur Erinnerung, weil sie selbst noch dabei waren, und die Nachgeborenen, weil sie damit ihre mutigen Eltern und Großeltern ehren.

Und ich wünsche mir, dass dabei die Glocken der vier Innenstadtkirchen läuten.

Auch noch in hundert Jahren.

Sascha Lange

Der Weg zum 9. Oktober 1989 in Leipzig

Am 15. Januar 1989 ahnte keiner der mehreren hundert Teilnehmer einer nicht genehmigten Demonstration, mit der in Leipzig an die Ermordung von Rosa Luxemburg und Karl Liebknecht gedacht werden sollte, dass neun Monate später Zehntausende für Veränderungen in der DDR auf die Straße gehen würden. Doch bereits im Frühjahr rumorte es immer häufiger.

Besonders ab Mai verstärkten quer durch das Land die für alle geradezu offensichtlich geschönten Ergebnisse der Kommunalwahlen in der DDR die offene Unzufriedenheit mit der Politik der SED. Hinzu kam die wachsende Hoffnungslosigkeit, dass sich auf absehbare Zeit etwas ändern würde. Auch wenn es über die Unregelmäßigkeiten der Wahlergebnisse keine über die Medien geführte Debatte gab, so waren sie doch in Schulen, Betrieben, in Familien und Freundeskreisen ein Gesprächsthema. Und auch darauf angesprochene SED-Mitglieder konnten keine befriedigenden Antworten geben. Die Staatsführung hatte den Bürgern ihres Landes wieder einmal deutlich gezeigt, dass die Bevormundung andauern würde. In China, wo in Peking Mitte Mai etwa eine Million Menschen für Demokratie demonstrierten, rollten Anfang Juni die Panzer, öffentlich beklatscht von der SED-Führung. Für die DDR-Bevölkerung war somit klar: Eine gewaltsame Niederschlagung von Massenprotesten wäre für die SED ebenfalls eine Option.

Das Neue Rathaus in Leipzig 1989 mit einem ungewollt wegweisenden Tipp: Westeingang benutzen.

Noch waren es nur wenige hundert Leipziger, die sich auf die Straße trauten: eine Kundgebung am Abend des 7. Mai in der Leipziger Innenstadt gegen den Wahlbetrug, der Pleiße-Gedenkmarsch am 4. Juni, das Straßenmusikfestival am 10. Juni, die Montagsgebete in der Nikolaikirche. Aber die Aktionen, die immer mehr auch außerhalb des geschützten Raumes der Kirchen stattfanden, sprachen sich herum, nicht nur in der Messestadt.

Selbst auf die Ereignisse in China machten Oppositionelle in Leipzig am 9. Juli anlässlich des Evangelischen Landeskirchentages öffentlich aufmerksam. Mit einem chinesischen Schriftzeichen und dem Wort »Demokratie« auf einem weithin sichtbaren Transparent zogen sie zunächst über das Kirchentagsgelände auf der Rennbahn und anschließend mit mehreren hundert Menschen in Richtung Innenstadt, wo sie schließlich von Polizei und Staatssicherheit gestoppt wurden. Obgleich diese und vorangegangene Aktionen in den DDR-Medien keine Rolle spielten, kamen sie doch über den Umweg des Westfernsehens wieder in die Wohnzimmer der Menschen in der DDR.

In der Zwischenzeit entstand ein weiterer Schauplatz, der maßgeblich die kommenden Ereignisse in der DDR mitbestimmen sollte, und zwar am »Eisernen Vorhang« der ungarisch-österreichischen Grenze. Am 27. Juni zerschnitten die Außenminister Österreichs und Ungarns als kleine, aber international öffentlichkeitswirksame Geste zur Entspannung zwischen Ost und West in Europa symbolisch den Stacheldrahtzaun. Für viele Ausreisewillige in der DDR war damit klar, dass die Grenze in Ungarn kein unüberwindbares Hindernis mehr darstellte und man sogar das Risiko eines illegalen Übertritts wagen könnte. Tausende DDR-Bürger befanden sich daher im Sommer 1989 in Ungarn nicht nur im Urlaub, sondern warteten auf eine Möglichkeit zur Flucht. Am 19. August bot sich dafür eine Gelegenheit. Anlässlich eines »paneuropäischen Picknicks« an der ungarisch-österreichischen Grenze bei Sopron nutzten bis zu 900 Ostdeutsche die Veranstaltung, um in den Westen zu flüchten. Wenige Tage später brachte das Internationale Rote Kreuz die in der bundesdeutschen Botschaft in Budapest ausharrenden DDR-Flüchtlinge mit Bussen in den Westen. Und als am 11. September Ungarn seine Grenze zu Österreich offiziell auch für DDR-Bürger öffnete, reisten innerhalb der ersten drei Tage 15 000 Ostdeutsche über Ungarn aus. Die Fluchtwelle aus der DDR hob an, und sie wurde innerhalb von Wochen zu einer regelrechten Flutwelle.

Seit dem Sommer gab es unter den Menschen in Ostdeutschland kein anderes Thema, über das so oft gesprochen wurde, wie die Massenflucht aus der DDR. Kaum jemand, der nicht jemanden kannte, der geflüchtet war – Familienangehörige, Freunde, Arbeitskollegen. Alle warteten auf eine Reaktion der DDR-Machthaber, eine Kurskorrektur – doch außer der Polemik gegen die Flüchtenden und die Bundesrepublik gab es keine Verlautbarungen, kein Einlenken, kein Zeichen für Veränderung.

In Leipzig fanden nach der Sommerpause ab dem 4. September wieder wöchentlich die Montagsgebete in der Nikolaikirche statt. Im Anschluss hielten Leipziger Oppositionelle auf dem Vorplatz Transparente mit den Aufschriften »Für ein offenes Land mit freien Menschen«, »Reisefreiheit statt Massenflucht« und »Versammlungsfreiheit – Vereinigungsfreiheit« hoch, die ihnen – vor den Augen und Kameras westdeutscher Fernsehteams – von Sicherheitskräften entrissen wurden. Die Widersprüche im Land zeigten sich nicht nur anhand solcher Aktionen immer deutlicher und ließen die Menschen zorniger werden. Und mutiger. Eine Woche später waren es schon etwa 1000 Menschen, die nach dem Montagsgebet öffentlich ihren Protest artikulierten. 89 Teilnehmer wurden daraufhin verhaftet. Das Bild wiederholte sich auch am darauffolgenden Montag.

Oppositionelle Gruppen traten überall in der DDR nun immer stärker aus ihrem Schattendasein heraus und fingen an, sich öffentlich zu organisieren. Anfang September gründete sich die Bewegung »Für eine Vereinigte Linke«. Eine Gruppe von Menschen aus verschiedenen Teilen der DDR ging nur Tage später mit ihrem Aufruf »Aufbruch 89 – Neues Forum« an die (westdeutsche) Öffentlichkeit. Der Aufruf verbreitete sich aber nicht nur über die Westmedien: Überall fühlten Menschen sich davon angesprochen, weshalb er heimlich auf betriebseigenen Kopiergeräten vervielfältigt und diskutiert wurde. Kurz darauf konstituierte sich zudem die Bürgerbewegung »Demokratie Jetzt«. Am 12. September wurde ein Aufruf zur Grün-

Im Anschluss an das Friedensgebet in der Nikolaikirche wurden am 4. September 1989 erstmalig Transparente gezeigt, die kurz darauf Sicherheitskräfte den Demonstranten rabiat entrissen.

dung einer Sozialdemokratischen Partei in der DDR bekannt, ebenso kurz darauf der »Demokratische Aufbruch« gebildet. Weil die SED-Führung trotz drängendster Probleme weiter schwieg, überwanden zeitgleich immer mehr Bürger ihre Sprachlosigkeit und begannen sich politisch zu engagieren – im Kleinen, aber immer mehr. Das Wasser, das der SED-Führung bald bis zum Halse stehen sollte, stieg unaufhörlich.

Die Aktivitäten blieben nicht nur auf das Engagement langjähriger Oppositioneller beschränkt. In Ostberlin organisierten beispielsweise die Bürgerrechtlerin Bärbel Bohley und Toni Krahl, Sänger der Rockband »City«, für den 18. September eine geschlossene Veranstaltung, auf der fünfzig Künstler über die innenpolitische Lage in der DDR debattierten. Es entstand daraus eine Resolution, die z. B. die Berliner Band »Silly« bei ihrem Konzert in Leipzig am 20. September vor etwa 1200 Zuschauern unter großem Applaus – trotz vorherigen Verbots durch den Veranstalter – von der Bühne aus verlas. Mitunterzeichner waren neben bekannten Rockbands auch der Schlagersänger Frank Schöbel und der Liedermacher Gerhard Schöne.

Einen Tag später beantragte das Neue Forum DDR-weit seine Zulassung. Die Antwort des Staates folgte nur 48 Stunden später: Er wies den Antrag ab und erklärte das Neue Forum zu einer »staatsfeindlichen Plattform«. Die Werbung für das Neue Forum ging ungeachtet dessen quer durch die DDR weiter.

Einer der Gründe für die Sprachlosigkeit der SED-Führung war, dass Staatschef Honecker krankheitsbedingt den ganzen Sommer ausgefallen war und erst am 26. September wieder seine Amtsgeschäfte in vollem Umfang aufnahm. Das Politbüro hatte sich während seiner Abwesenheit darauf beschränkt, dem »Westen« die Hauptschuld an der aktuellen innenpolitischen Situation zu geben. Hinzu kam die lähmende Parteidisziplin der hierarchisch aufgebauten SED. Die unteren und mittleren Ebenen der Partei in den Bezirken der DDR warteten auf Weisungen von oben. Niemand wäre auf die Idee gekommen, selbst aktiv zu werden, wenn es nicht aus Berlin angeordnet worden wäre. So waren die SED-Genossen zwar in den Betrieben mit den immer ungeduldiger werdenden Fragen der Arbeiter und Angestellten konfrontiert, vertagten die Antworten aber, bis Entscheidungen aus dem Zentralkomitee vorlagen. Doch immer mehr Menschen wollten nicht darauf warten, dass die SED den weiteren Kurs vorgab. Die einen hatten resigniert und wollten nur noch raus aus der DDR, die anderen wollten hierbleiben und etwas ändern. Und zwar jetzt.

Am Montag, den 25. September fand in Leipzig mit mehr als 5000 Menschen die bislang größte Montagsde-

Leipzig, am 25. September 1989. Erstmalig liefen die Demonstranten auf dem Ring.

monstration statt, auf der erstmalig auch ein Stück über den Innenstadtring gelaufen wurde. Aus wenigen Hundert waren mittlerweile Tausende geworden – die Leipziger SED-Führung musste handeln.

Bereits am 22. September hatte ein von Erich Honecker unterzeichnetes Fernschreiben aus Berlin alle SED-Bezirkssekretäre erreicht, in dem dazu aufgerufen wurde, alle »konterrevolutionären Aktionen« im Keim zu ersticken. Daraufhin beschloss in Leipzig das Sekretariat der SED-Bezirksleitung »Maßnahmen zur Mobilisierung der Mitglieder und Kandidaten der Bezirksparteiorganisation, aller in der Nationalen Front vereinten gesellschaftlichen Kräfte sowie die Staats- und Sicherheitsorgane zur offensiven Bekämpfung und Zurückdrängung antisozialistischer Aktivitäten in der Stadt Leipzig.«[3] Die SED-Führung wollte sich nicht den drängenden Problemen im Land stellen, sondern in althergebrachten Klassenkampf-Phrasen und mit Repressionen die Lage beruhigen: »Die Stadtbezirks- und Kreisleitungen sowie die Leitungen der Grundorganisationen sichern, dass zur Verhinderung weiterer provokatorischer Handlungen mit antisozialistischem Charakter bekannte negative Kräfte in einer offensiven massenpolitischen Arbeit bloßgestellt, entlarvt und so diszipliniert werden, dass sie an weiteren Handlungen gegen den sozialistischen Arbeiter-und-Bauern-Staat nicht mehr teilnehmen. Alle Formen und Methoden der politischen Massenarbeit in Vorbereitung des XII. Parteitages sind zu nutzen, um in den Arbeitskollektiven und städtischen Wohngebieten eine offensive, lebensnahe Aussprache zu entwickeln, das Vertrauen in die Politik der SED zu festigen […] sowie eine Verurteilung der Absichten konterrevolutionärer Elemente zu erreichen.« Und auch die »Kampfgruppen der Arbeiterklasse« wurden einbezogen: »In den Einheiten […] ist die politische Arbeit mit jedem einzelnen Kämpfer zu verstärken. Aus den Kollektiven der Kampfgruppen sind Stellungnahmen und persönliche Standpunkte zu organisieren, in denen sich Kämpfer, Unterführer und Kommandeure öffentlich dazu bekennen, in diesen Tagen verstärkte Angriffe des Gegners gegen die DDR im Sinne des Gelöbnisses der Kampfgruppen der Arbeiterklasse abzuwehren, eine hohe Bereitschaft zu entwickeln, die Heimat mit der Waffe gegen innere und äußere Feinde zu verteidigen.«[4] Mit dieser letzten konkreten Anordnung schoss sich die SED-Bezirksleitung nur wenige Tage darauf ihr größtes Eigentor, wie später noch ausgeführt werden wird.

Auch gegen die Kirchen sollte offensiver vorgegangen werden: »Der Staatsanwalt sowie Vertreter der staatlichen Organe führen disziplinierende Gespräche mit den Pfarrern, die offen staatsfeindlich auftreten und Teilnehmer in den Kirchen zu Demonstrationen aufwiegeln.«

In Verbindung mit den üblichen Maßnahmen der Staatssicherheit glaubte man die Protestbewegung eindämmen zu können. Ein großer Irrtum, wie sich bald herausstellen sollte.

Nicht nur in Leipzig, sondern im ganzen Land machte sich immer mehr Unmut unter der Bevölkerung bemerkbar. Durch die zahlreichen DDR-Flüchtlinge in den bundesdeutschen Botschaften in Warschau und Prag wuchs der innen- und außenpolitische Druck auf die SED-Machthaber. Am Abend des 30. September verfolgten die Menschen in Ost und West fassungslos und emotional tief bewegt die Nachrichten westdeutscher Fernsehsender und sahen, wie Hans-Dietrich Genscher unter frenetischem Jubel die Ausreise der Flüchtlinge aus Prag bekannt gab. Keine andere Filmaufnahme aus dieser Zeit zeigt deutlicher, wie satt tausende junge Menschen die DDR mittlerweile hatten.

Montag, 2. Oktober in Leipzig

Die Volkspolizei war die Ordnungsmacht in der DDR, die personell und technisch in der Lage war, auf größere ungenehmigte Ansammlungen von Menschen reagieren zu können. Für die kommenden Ereignisse in Leipzig soll daher der Fokus auf ihre Arbeit gelegt werden, um nachzuvollziehen, wie der Staat mit den Demonstrationen umzugehen gedachte.

Für Montag, den 2. Oktober rechnete die Polizei in Leipzig mit einer noch höheren Beteiligung als in der Vorwoche und traf dafür Vorbereitungen. Bereits am Morgen kam aus Berlin die Genehmigung des Innenministers für den Einsatz von Kampfgruppen der Arbeiterklasse »... zur Verhinderung von Störungen des öffentlichen Lebens im Anschluss an das Montagsgebet«.[5] Die Einsatzplanung sah für den Tag vor, dass ab 14 Uhr starke Polizeikräfte in der Innenstadt Präsenz zeigen sollten. Ab 17 Uhr sollte ein Ring um den Nikolaikirchhof gezogen und der Platz zuvor geräumt werden: »Schaulustige werden aufgelöst«, und »alles wird zugeführt«, hieß es nüchtern in den Anweisungen. Immerhin wollte man sich bemühen, auf den »Einsatz von Hilfsmitteln« zu verzichten, aber: »bei Rowdytum Einsatz zum eigenen Schutz«.[6] Um 17.50 Uhr musste die Polizei jedoch feststellen, dass sich bereits etwa 4000 Menschen auf dem Nikolaikirchhof befanden und noch etwa 2000 in der Kirche selbst und eine Auflösung der Ansammlung nicht mehr möglich war.

Schließlich formierte sich daraus ein Demonstrationszug von etwa 20 000 Menschen, der über den Karl-Marx-Platz auf den Ring strömte. Seit dem 17. Juni 1953 hatten nicht mehr so viele Menschen in einer Stadt gegen das SED-Regime demonstriert. Erst an der Richard-Wagner-Straße in Höhe der »Blechbüchse« konnten Polizeiketten die Demonstranten kurzzeitig stoppen. Durch die schiere Masse an Menschen gab es jedoch »Durchbrüche« an den Polizeiketten, die nicht wieder geschlossen werden konnten. Die Polizeiführung war überrascht von der für sie ungewohnten Entschlossenheit der Demonstranten, die so auch die »Runde Ecke«, den Sitz der Bezirksbehörde der Staatssicherheit, passierten. Im Nachbargebäude saß die Bezirksleitung der Polizei. Erst als Gruppen von Demonstranten gegen 20.30 Uhr am Thomaskirchhof wieder in die Innenstadt einbiegen wollten, kamen – erstmalig für Leipzig – Polizeikräfte in »Sonderausrüstung« mit Helmen und Schilden zum Einsatz. Auf die Teilnehmer wurde Jagd gemacht, die Demonstration löste sich infolgedessen auf.

Während die einen an diesem Montag demonstrierten, wählten andere ein schnelleres Ventil für ihren Frust: Das interne Polizei-Dienstprotokoll vermerkte nur Stunden später, dass auf dem Leipziger Hauptbahnhof der D-Zug nach Bukarest bereits komplett überfüllt sei und dennoch ein weiterer Zustieg erfolge, vor allem von 18- bis 35-jährigen. Darunter befanden sich etwa 30 Kinderwagen und zahlreiche Kinder. »Bei Streifenannäherung Gesprächsabbruch, Wortfetzen beinhalten das Wort ›Prag‹«,[7] vermerkte die Transportpolizei in ihrer Mitteilung. Am Folgetag strandeten auf dem Dresdner Hauptbahnhof tausende Reisende aus der DDR, die in die ČSSR wollten. Der Zugverkehr wurde eingestellt. In der Prager Botschaft der Bundesrepublik warteten inzwischen schon wieder etwa

6000 Menschen auf eine Ausreisemöglichkeit. Der Exodus aus der DDR ging unvermindert weiter.

Als Reaktion hierauf entschieden die DDR-Machthaber überhastet, ab dem 3. Oktober den visafreien Reiseverkehr in die ČSSR auszusetzen. Damit war das letzte Land, in das DDR-Bürger spontan reisen konnten, die letzte Tür nach draußen, verschlossen. Ein verzweifelter Versuch des Regimes, den Flüchtlingsstrom zu stoppen, der die innenpolitische Spannung jedoch nur weiter erhöhte. Vor dem Dresdner Hauptbahnhof eskalierte daraufhin in den Abendstunden des 3. und 4. Oktober die Lage, als sich junge Menschen gewaltsam Zugang zu dem von Polizeikräften abgeriegelten Bahnhofsgebäude verschaffen wollten. Es folgten die gewaltsamsten Auseinandersetzungen im Herbst 1989 in der DDR. Polizisten wurden u. a. mit Steinen beworfen, die Einsatzkräfte antworteten mit Wasserwerfern und Reizgasgeschossen, es gab zahlreiche Verhaftungen und Verletzte. Die Eskalation in den Abendstunden des 4. Oktober war teilweise so heftig, dass der 1. Sekretär der Dresdner SED-Bezirksleitung Hans Modrow mit dem Verteidigungsminister in Berlin telefonierte und NVA-Kräfte anforderte, die letztlich aber nicht mehr zum Einsatz kamen.[8]

Die Leipziger Polizei listete inzwischen im Zuge der Auswertung des 2. Oktober alle Schäden auf, die durch Demonstranten entstanden sein sollen: Zwei Einsatzkräfte waren leicht verletzt und ambulant behandelt worden, acht weitere geringfügig verletzt. Was die genauen Ursachen waren, ist nicht überliefert. An einem Einsatzfahrzeug wurde die Frontscheibe beschädigt, außerdem wurden Seitenspiegel und Scheibenwischer abgebrochen. Die bislang bei der VP-Bereitschaftspolizei übliche Absperrung von Straßen durch Polizeiketten, bei denen sich die Beamten am Koppel der jeweiligen Nebenmänner links und rechts festhielten, erwies sich am 2. Oktober als Nachteil, da man nicht spontan auf die Aktionen der Demonstranten reagieren konnte. In der allgemein unübersichtlichen Situation konnten so 65 Polizei-Schirmmützen entwendet werden, Augenzeugen sprachen davon, dass sie vereinzelt durch die Luft flogen. Außerdem erfolgten »zahlreiche Beschädigungen an Uniformen durch Abreißen von Effekten«.[9]

Besonders die ungewohnte Tatsache, dass den Aufforderungen der Einsatzkräfte durch tausende Demonstranten nicht Folge geleistet wurde, schien die Polizeiführung zu verunsichern. In einer internen Stellungnahme eines leitenden VP-Mitarbeiters wurden einige Probleme überraschend offen geschildert. In Bezug auf den ersten Durchbruch der Demonstranten durch die Polizeikette resümierte er: »Dabei konnte ich feststellen, dass Einsatzkräfte zu einem geringen Teil sich lieber mit auf die Gegenseite stellen würden. Sie fühlten sich nur durch ihren Eid und durch die Angst, durch diesen Verrat geächtet und bestraft zu werden, an die konsequente Aufgabenerfüllung gebunden. [...] Ich bin aufgrund der erlebten Ereignisse davon überzeugt, dass hier eine sich weiter negativ entwickelnde Situation entstanden ist, die mit den Ereignissen des Jahres in China vergleichbar und ähnlich ist. Das macht mir persönlich und teilweise meinem Personalbestand Angst. Es existieren Fragen, auf die ich keine überzeugende Antwort weiß, Diskussionen, in denen die vielen und differenzierten Probleme nicht gelöst oder mit überzeugenden Argumenten aus dem Feld geräumt werden können. Mein Personalbestand [ist] und ich selbst bin seit dem 2. Oktober durch die Art von Einsätzen davon überzeugt, dass die Gesundheit und das Leben der Einsatzkräfte ernsthaft gefährdet ist, [...] dass es zu einer Eskalation der Ereignisse und der Gewalt in absehbarer Zeit kommen wird. Wahrscheinlich ist dafür der Zeitraum 06.–10. Oktober 1989.«[10]

Als Konsequenzen aus dem Einsatz und in Erwartung einer Verschärfung der Situation in Leipzig präzisierte VP-Generalmajor Gerhard Straßenburg drei Tage später seine Aufgabenstellungen. Darin heißt es u. a.: »Zur Erhöhung der Sicherheit eigener Dienststellen sind: [...] die Festlegungen in den Objektsicherungs- und Verteidigungsplänen durchzusetzen, das unberechtigte Betreten von Objekten zu verhindern [...]. Durch die Kommandeure der 5. und 21. VP-Bereitschaft ist durchgängig die jederzeitige Handlungsbereitschaft mit Sonderausrüstung in der vollen Iststärke zu gewährleisten.«[11] Ab dem 6. Oktober wurde für die Einsatzkräfte der Bereitschaftspolizei der »12-Stunden-Schwerpunktdienst« eingeführt. »Die ständigen Waffenträger haben ihre Waffen zu tragen und die im 12-Stunden-Schwerpunktdienst befindlichen Genossen sind zu bewaffnen.«[12] Ähnliche Anordnungen erhielten am 8. Oktober aus Berlin auch die einzelnen Bezirksbehörden für Staatssicherheit.[13]

Wie am 27. September von der SED-Bezirksleitung beschlossen und bestellt, hatten sich in der Folgewoche mehrere »gesellschaftliche Kräfte« in Stellungnahmen schriftlich geäußert, um die »antisozialistischen Kundgebungen« rund um die Montagsgebete zu verurteilen und gleichzeitig ihre Verbundenheit mit dem SED-Regime zu bekunden. Einige davon wurden schließlich – ob mit oder ohne Einverständnis der Verfasser ist nicht mehr genau zu rekonstruieren – als Leserbriefe in der Leipziger Volkszeitung abgedruckt. Solche Statements waren nichts Ungewöhnliches und wurden in der Regel überlesen. Ein Brief, der am Freitag, den 6. Oktober in der LVZ erschien, brachte jedoch für viele Leipziger das Fass zum Überlaufen. Darin bekundete der Kommandeur Günter Lutz von der Kampfgruppenhundertschaft »Hans Geiffert«: »Wir sind bereit und Willens, das von uns mit unserer Hände

Werktätige des Bezirkes fordern:

Staatsfeindlichkeit nicht länger dulden

Die Angehörigen der Kampfgruppenhundertschaft „Hans Geiffert" verurteilen, was gewissenlose Elemente seit einiger Zeit in der Stadt Leipzig veranstalten. Wir sind dafür, daß die Bürger christlichen Glaubens in der Nikolaikirche ihre Andacht und ihr Gebet verrichten. Das garantiert ihnen unsere Verfassung und die Staatsmacht unserer sozialistischen DDR. Wir sind dagegen, daß diese kirchliche Veranstaltung mißbraucht wird, um staatsfeindliche Provokationen gegen die DDR durchzuführen. Wir fühlen uns belästigt, wenn wir nach getaner Arbeit mit diesen Dingen konfrontiert werden.

Deshalb erwarten wir, daß alles getan wird, um die öffentliche Ordnung und Sicherheit zu gewährleisten, um die in 40 Jahren harter Arbeit geschaffenen Werte und Errungenschaften des Sozialismus in der DDR zu schützen und unser Aufbauwerk zielstrebig und planmäßig zum Wohle aller Bürger fortgesetzt wird. Wir sind bereit und Willens, das von uns mit unserer Hände Arbeit Geschaffene wirksam zu schützen, um diese konterrevolutionären Aktionen endgültig und wirksam zu unterbinden. Wenn es sein muß, mit der Waffe in der Hand!

Wir sprechen diesen Elementen das Recht ab, für ihre Zwecke Lieder und Losungen der Arbeiterklasse zu nutzen. Letztlich versuchen sie damit nur, ihre wahren Ziele zu verbergen.

Kommandeur GÜNTER LUTZ
im Auftrag der Kampfgruppenhundertschaft „Hans Geiffert"

Der wohl bekannteste Artikel aus der Leipziger Volkszeitung jener Tage vom 6. Oktober 1989.

Arbeit Geschaffene wirksam zu schützen, um diese konterrevolutionären Aktionen endgültig und wirksam zu unterbinden. Wenn es sein muss, mit der Waffe in der Hand!«[14] Diese unverhohlene Drohung konnte nur die »chinesische Lösung« bedeuten. Was als Einschüchterung, als Warnung, als Drohgebärde gedacht war, bewirkte jedoch genau das Gegenteil – erst durch dieses Statement entschlossen sich zahlreiche Leipziger, am nächsten Montag auch demonstrieren zu gehen.

Samstag, der 7. Oktober

Vor dem nächsten Montag lag jedoch noch der »Republikgeburtstag«. Die offiziellen Feierlichkeiten zum 40. Jahrestag der Deutschen Demokratischen Republik fanden wie jedes Jahr in Berlin statt. Bereits am Abend zuvor waren in einem Fackelmarsch zehntausende FDJler an der Ehrentribüne mit Erich Honecker und seinem Ehrengast Michail Gorbatschow vorbeigelaufen. Ein inszeniertes Spektakel wie auch die Militärparade am Samstag, den 7. Oktober selbst. Die Bilder der Aktuellen Kamera im DDR-Fernsehen zeigten die üblichen Heile-Welt-Aufnahmen. Doch in den frühen Abendstunden formierte sich am Berliner Alexanderplatz ein Protestzug von zum Großteil jungen Menschen, der sich dem Palast der Republik mit seinen feiernden Staatsgästen in Sichtweite näherte, bevor Polizeikräfte ihn aufhielten. Schließlich zogen bis zu 7000 Demonstranten in Richtung Gethsemanekirche im Prenzlauer Berg. Auf dem Weg dorthin kam es zu gewalttätigen Polizeiübergriffen auf die Demonstrierenden. Ähnliche Szenen wiederholten sich am Sonntagabend rund um die Kirche.

In der 80 000-Einwohner-Stadt Plauen im Vogtland demonstrierten inzwischen am Abend des 7. Oktober etwa 10 000 Menschen für Reformen in der DDR – mehr als in Ostberlin zur selben Zeit. Initiiert hatte die Demonstration eine lokale »Initiative zur demokratischen Erneuerung der Gesellschaft«. Im Zuge der folgenden Ereignisse in Leipzig am 9. Oktober und deren medialer Präsenz sowie aufgrund fehlender Filmaufnahmen von der Plauener Demonstration sind die dortigen Ereignisse im Nachgang nur wenig bekannt geworden. Allein der von der Initiative formulierte Aufruf für den 7. Oktober nahm viele Forderungen späterer Demonstrationen in der DDR inhaltlich vorweg. Bei aller berechtigten Würdigung der Ereignisse in Leipzig gebührt den Plauener Bürgern doch die Anerkennung, die erste Stadt im Herbst 1989 gewesen zu sein, in der – gemessen an der Einwohnerzahl – eine wirkliche Großdemonstration gegen das SED-Regime stattfand.

Der 40. Geburtstag der DDR fiel in Leipzig mitten in die Markttage, bei denen zahlreiche Menschen auch aus umliegenden Orten die Innenstadt besuchten. Oppositionelle Gruppen wollten den Tag ebenfalls nutzen. Bereits gegen 11 Uhr löste die Polizei eine Spontandemonstration vom Nikolaikirchhof Richtung Thomaskirche auf. Deshalb waren auf dem Nikolaikirchvorplatz starke Polizeikräfte konzentriert, die zunehmend den Unmut sowohl von weiteren Demonstrationswilligen als auch von Passanten auf sich zogen. »Mehrfache Forderungen der DVP nach Auflösung der Ansammlung wurden keine Folge geleistet«, notierte die Polizei. Es folgte eine erneute Räumung des Platzes. In den frühen Abendstunden sammelten sich dennoch in der Umgebung und auf dem Karl-Marx-Platz bis zu 4000 Personen, darunter auch viele junge Menschen. »Bei den aktiven Räum- und Auflösungshandlungen kamen die Kräfte mit Sonderausrüstung und Diensthunden sowie Wasserwerfer zum Einsatz.« Etwa 200 Menschen wurden verhaftet, teilweise auch völlig Unbeteiligte. Die Polizei resümierte: »Die Störungen aus widerrechtlichen Ansammlungen von Personen haben am Nationalfeiertag eine völlig neue Qualität erreicht. Das ansonsten demonstrativ-provokatorische Auftreten einer

Vielzahl von Personen kam hier in aktiven Widerstandshandlungen gegen die Einsatzkräfte in hoher Aggressivität und Brutalität zum Ausdruck, die zur Anwendung aller zur Verfügung stehenden Hilfsmittel zwangen (Keine Schusswaffen).«[15]

Polizisten in der bislang weitgehend unbekannten »Sonderausrüstung« am 7. Oktober 1989 in Leipzig.

Am Abend des 7. Oktober 1989 kamen in Leipzig erstmalig seit der Beatdemo 1965 Wasserwerfer gegen Demonstranten zum Einsatz.

Die Einsatzplanung für den 9. Oktober in Leipzig

Am 8. Oktober lag die bereits drei Tage zuvor in Auftrag gegebene Planung des Leiters des VP-Kreisamtes Leipzig Oberst Holm Fritzsche für einen »Ordnungseinsatz am 09. 10. 1989« vor, dessen Entwurf am 6. Oktober vom Innenminister bestätigt und schließlich vom Chef der Leipziger Bezirksdirektion der Volkspolizei Generalmajor Gerhard Straßenburg mit »Bestätigt« gegengezeichnet wurde. »Ziel des Einsatzes besteht in der Auflösung rechtswidriger Menschenansammlungen und unmittelbar nachfolgend in der dauerhaften Zerschlagung gegnerischer Gruppierungen sowie Festnahme deren Rädelsführer.«[16] Der in der Ich-Form verfasste »Beschluss« vom 8. Oktober nennt eingangs die »Hauptanstrengungen« des Einsatzes: Zunächst ging es um die »politisch-ideologische und fachliche Vorbereitung der Einsatzkräfte« sowie um eine erhöhte Präsenz einschließlich »objektbezogener Sicherung im Bereich der Innenstadt«. Mehrere Einsatz- bzw. »Sicherungsbereiche« wurden für den 9. Oktober definiert: »Sicherungsbereich 1 – Nikolaikirchhof«: Dort sollten zunächst durch neun Kompanien der VP-Bereitschaft und eine Kompanie der Schutzpolizei die Menschen nach dem Montagsgebet ausschließlich in Richtung Karl-Marx-Platz abgedrängt werden. Im Anschluss waren »Auflösungshandlungen im Bereich Karl-Marx-Platz/Georgiring in Höhe Hauptpost« geplant, »um frühzeitig den Zusammenschluss gegnerischer Gruppierungen« zu verhindern. Dem schloss sich der »Sicherungsbereich 2 – Georgiring/Ostknoten« an. Sollte sich trotz der angedachten Maßnahmen ein Demonstrationszug formieren, waren zwölf Kompanien der VP-Bereitschaft sowie fünf Hundertschaften der Kampfgruppen der Arbeiterklasse eingeteilt worden – Letztere unter dem Kommando eines VP-Majors –, um die Demonstration am Hauptbahnhof zu stoppen und die »Personenbewegung in ostwärtiger Richtung abzudrängen«. Für diese Maßnahmen waren außerdem zusätzlich Räumfahrzeuge eingeplant, die im Bericht keine Erwähnung finden und auf die später noch eingegangen wird.

Der »Sicherungsbereich 3« umfasste den Bereich Reformierte Kirche und Tröndlinring. Zur »Verhinderung möglicher Störungen, die von der Reformierten Kirche ausgehen«, sollten fünf Kompanien der VP-Bereitschaft sowie eine Kampfgruppenhundertschaft »gegnerische Gruppierungen« in nördliche Richtung abdrängen und auflösen. Das Gebiet um die Thomaskirche wurde zum »Sicherungsbereich 4« erklärt. Dort sollte zum einen verhindert werden, dass sich auf dem Dittrichring Demonstranten bewegen konnten, zum anderen, dass sich Personen in Richtung Innenstadt aufmachten. Hierfür standen drei Kompanien der VP-Bereitschaft sowie eine Kampfgruppenhundertschaft zur Verfügung.

Zusätzlich zu den genannten Kräften waren 110 Kriminalpolizisten eingeteilt, die durchgängig »Aufklärung und Durchführung von Untersuchungshandlungen im Zusammenhang mit zu erwartenden Zuführungen« leisten sowie »Festnahmegruppen« bilden sollten. In die Einsatzplanung wurden außerdem 145 Mitarbeiter der Feuerwehr eingebunden, die in der DDR strukturell der Volkspolizei unterstanden, ebenso 95 Mitarbeiter des Betriebsschutzes. Die Feuerwehr sicherte unter anderem die Einsatzbereitschaft von zwei »Sondertanklöschfahrzeugen zum Einsatz mit Farbstoffen«, die offenbar dazu dienen sollten, Demonstranten im großen Umfang farblich zu markieren, um sie anschließend leichter verhaften zu können.

Die Volkspolizei Leipzig hatte für den 9. Oktober mehr als 800 eigene Kräfte zur Verfügung. Hinzu kamen u. a. noch 1296 Polizisten der VP-Bereitschaft, aufgeteilt in 18 Kompanien. Von den »Kampfgruppen der Arbeiterklasse« wurden 600 »Kämpfer« eingeplant. Insgesamt standen zumindest auf dem Papier für den 9. Oktober 3125 Einsatzkräfte bereit, teilweise auch aus anderen Bezirken der DDR.[17] Letztere wurden direkt durch das Ministerium des Innern zugeteilt. Angefordert wurde zusätzlich »Sondertechnik«, und zwar »65 Schilde und 80 Schlagstöcke lang« sowie die Bereitstellung von 800 »Schlagstöcken starr« für die Kampfgruppen.

In dem Bericht vom 8. Oktober nicht berücksichtigt sind kurzfristige Überlegungen, am 9. Oktober NVA-Einheiten direkt in die Stadt zu verlegen, die die Sicherung wichtiger Objekte übernehmen sollten. Diese Pläne wurden aus unbekannten Gründen nicht umgesetzt.[18] Dennoch waren Armeekräfte in den Leipziger Kasernen in Alarmbereitschaft versetzt worden. In einer weiteren Aufstellung für den 9. Oktober sind 1450 NVA-Soldaten als Reserve aufgeführt.[19] Hinzu kam eine unbekannte Anzahl an Mitarbeitern des Ministeriums für Staatssicherheit, deren Einsatz ebenfalls für den 9. Oktober vorgesehen war.

Der Bericht definierte auch die »Grundsätze des Handelns«. Geplant war vor Räumungsmaßnahmen eine dreimalige Aufforderung zur Auflösung der Ansammlung mit der Ankündigung des Einsatzes polizeilicher Hilfsmittel. »Über den Einsatz von Diensthunden (ohne Beißkorb) und des Schlagstockes (starr sowie kurz) entscheiden die Leiter der Sicherungsbereiche entsprechend der gegebenen Lage«.

Nicht im Bericht enthalten sind Informationen über

Spezialfahrzeuge, mit deren Hilfe man die Demonstration auflösen wollte. Diese Angaben finden sich in handschriftlichen Aufzeichnungen eines internen VP-Dienstbuches. Darin ist bereits am 7. Oktober in einer morgendlichen Beratung – also noch vor den Ereignissen in den späten Nachmittagsstunden in der Leipziger Innenstadt – notiert worden, dass »am Montag alle Möglichkeiten zum Einsatz möglich« sind. Aufgezählt wurden drei Schützenpanzerwagen (SPW) mit »scharfe(r) Munition«, drei SPW mit Schiebeschild sowie acht W50-LKW mit Schiebeschild.[20] Im Zusammenhang mit einer Beratung am 8. Oktober um 17.45 Uhr ist eine weitere Aufstellung der Einsatzfahrzeuge dokumentiert. Konkret standen für den 9. Oktober neben den bereits erwähnten beiden Feuerwehr-Löschfahrzeugen zwei Wasserwerfer der Bereitschaftspolizei, drei SPW (Schützenpanzerwagen) mit Schild, nochmals sechs Schützenpanzerwagen sowie statt der ursprünglich geplanten drei nun vier »SPW mit Munit.« bereit.[21] Es waren also vier Schützenpanzerwagen munitioniert worden, um sie gegen Demonstranten einsetzen zu können. Des Weiteren wurde am 9. Oktober ein Zug der Bereitschaftspolizei mit Maschinenpistolen ausgestattet.[22] Auch der Einsatz von Reizgasgranaten war geplant. Am Tag selbst wurden die munitionierten SPW ab 15 Uhr als »handlungsbereit« gemeldet, wie aus einem weiteren Vermerk ersichtlich wird. In den eingesehenen Polizei-Unterlagen zu den Leipziger Montagsdemonstrationen im Herbst 1989 finden sich für den 9. Oktober erstmals diese konkreten Anweisungen für die Bereithaltung von Schützenpanzerwagen mit scharfer Munition sowie MPi-Bewaffnung von Polizisten. Außerdem gibt es Berichte darüber, dass im Dienstgebäude der Polizei am Dittrichring in der 5. Etage drei MG-Nester aufgebaut wurden, um mit Waffengewalt einen möglichen Sturm auf das Haus zu verhindern.[23] Das verdeutlicht, dass seitens der

Staatsmacht – wenn auch nur als Ultima Ratio – der Einsatz von Schusswaffen explizit vorbereitet wurde.

Die Einsatzfahrzeuge mit den vormontierten breiten Schiebeschilden bzw. -gittern sollten auf der östlichen Kreuzung vor dem Hauptbahnhof in breiter Front die Demonstration stoppen und das Weiterlaufen auf dem Ring verhindern. Diese Räumtechnik war für DDR-Verhältnisse neu und in Leipzig bislang noch nicht eingesetzt worden – im Gegensatz zu Ost-Berlin, wo diese Schilde bzw. Gitter am Wochenende erstmals zur Anwendung gekommen waren. Am 8. Oktober sah man in der westdeutschen Tagesschau Aufnahmen von ihrem Einsatz. In derselben Sendung wurden auch Videoaufnahmen vom 7. Oktober aus Leipzig gezeigt, wo behelmte Polizisten mit Gummiknüppeln Demonstranten über den Ring jagten.

Sollte die Polizei am 9. Oktober Demonstranten verhaften, waren mehrere »Zuführungspunkte« festgelegt. Im VPKA Leipzig, Hof II, konnten bis zu 50 Personen untergebracht werden, 30 Personen auf dem VP-Revier Süd in der Fockestraße. Die größte Kapazität gab es auf dem Agra-Gelände, wo in den Hallen 51 und 61 für bis zu 400 Personen Platz geschaffen worden war, teilweise in leer geräumten Pferdeställen. In Anbetracht der Tatsache, dass die Polizei mit Demonstrationsteilnehmern im fünfstelligen Bereich und einer gewaltsamen Auflösung rechnete, waren die Kapazitäten überraschend gering ausgelegt.

Nennenswert ist im Zusammenhang mit der Einsatzplanung die Zusammenarbeit der Polizei mit dem damaligen Leipziger Oberbürgermeister und SED-Mitglied Dr. Bernd Seidel. Vorgesehen war lediglich eine Kooperation in Bezug auf »die Beseitigung event. eintretender Beschädigungen von Gebäuden und Einrichtungen oder öffentlichen Nahverkehrsmitteln« sowie die »Durchsetzung von Einschränkungen der Leipziger Markttage am 09. 10. und bei Erfordernis am 10. 10. 1989«.

Dies zeigt deutlich, dass – wie auch in den Folgewochen und -monaten – der Oberbürgermeister keinerlei Einfluss auf die Ereignisse in seiner Stadt nehmen wollte oder konnte, da er offenbar keinerlei Mitsprachemöglichkeiten hatte. Einzig der 1. Sekretär der SED-Stadtleitung wurde zusätzlich im Vorfeld über die Einsatzplanung informiert. Die Entscheidungen über die kommenden Ereignisse lagen ausschließlich in den Händen der Leipziger Polizei- und SED-Führung.

Von der anstehenden Montagsdemonstration wollten mehrere ausländische Korrespondenten vor Ort berichten. Die meisten hatten jedoch nur für Ost-Berlin eine Akkreditierung und versuchten auf eigene Faust nach Leipzig zu kommen. Am Nachmittag des 8. Oktober wurden deshalb Journalisten aus Großbritannien, der Schweiz, Westdeutschland, Österreich und aus Japan mit ihren Autos bereits an der Stadtgrenze von Polizisten angehalten und zurückgeschickt, einen kanadischen Journalisten begleitete man sogar bis nach Ost-Berlin. Währenddessen trafen immer mehr Polizeikräfte ein. Noch benötigte »Sonderausrüstung« wurde herbeitelefoniert.

Unbemerkt druckten zeitgleich im Gemeindehaus der Lukaskirche im Leipziger Osten Oppositionelle per Wachsmatrize einen gemeinsamen Aufruf des »Arbeitskreises Gerechtigkeit«, der »Arbeitsgruppe Menschenrechte« und der »Arbeitsgruppe Umweltschutz« in einer Auflage von etwa 25 000 Exemplaren. Er beinhaltete die Forderung nach unbedingter Gewaltlosigkeit und sollte am 9. Oktober in und vor der Nikolaikirche verteilt werden.

Appell

In den letzten Wochen ist es mehrfach und in verschiedenen Städten der DDR zu Demonstrationen gekommen, die in Gewalt mündeten : Pflastersteinwürfe, zerschlagene Scheiben, ausgebrannte Autos, Gummiknüppel- und Wasserwerfereinsatz. Es gab eine unbekannte Zahl Verletzter, von Toten ist die Rede.
Auch der letzte Montag in Leipzig endete mit Gewalt.
Wir haben Angst. Angst um uns selbst, Angst um unsere Freunde, um den Menschen neben uns und Angst um den, der uns da in Uniform gegenübersteht. Wir haben Angst um die Zukunft unseres Landes. Gewalt schafft immer nur Gewalt, Gewalt löst keine Probleme. Gewalt ist unmenschlich. Gewalt kann nicht das Zeichen einer neuen, besseren Gesellschaft sein.

Wir bitten alle :
- Enthaltet Euch jeder Gewalt !
- Durchbrecht keine Polizeiketten, haltet Abstand zu Absperrungen!
- Greift keine Personen oder Fahrzeuge an!
- Entwendet keine Kleidungs- oder Ausrüstungsgegenstände Einsatzkräfte!
- Werft keine Gegenstände und enthaltet Euch gewalttätiger Parolen!
- Seid solidarisch und unterbindet Provokationen!
- Greift zu friedlichen und phantasievollen Formen des Protestes!

An die Einsatzkräfte appellieren wir:
- Enthaltet Euch der Gewalt!
- Reagiert auf Friedfertigkeit nicht mit Gewalt!

W i r   s i n d   e i n   V o l k !
Gewalt unter uns hinterläßt ewig blutende Wunden!

Partei und Regierung müssen vor allem für die entstandene ernste Situation verantwortlich gemacht werden, Aber h e u t e   ist es an uns, eine weitere Eskalation der Gewalt zu verhindern, Davon hängt unsere Zukunft ab!

Leipzig, den 9. Oktober 1989   Arbeitskreis Gerechtigkeit
Arbeitsgruppe Menschenrechte
Arbeitsgruppe Umweltschutz

Innerkirchlich! LVo IO/89/3/3

Mehrere kirchliche Basisgruppen druckten heimlich am 8. Oktober ein Flugblatt, das einen Tag später zum Friedensgebet verteilt wurde.

Der 9. Oktober in Leipzig

Die ganze Stadt stand unter Spannung. Ob in Schulen, Betrieben, in der Straßenbahn oder in den Familien – nirgendwo gab es ein anderes Thema als das bevorstehende Montagsgebet und die sich daran anschließende Demonstration, die ja – juristisch gesehen – illegal war. Allen schien klar: Der Ausgang des Abends würde richtungsweisend dafür sein, wie es in der DDR weitergehen würde. Die bislang nicht gekannte Polizeigewalt am Abend des 7. Oktober, die viele Leipziger in der Tagesschau gesehen hatten, in Verbindung mit dem LVZ-Leserbrief des Kampfgruppenkommandeurs ließ keinen Zweifel daran, dass der Staat weiter an der Eskalationsschraube drehen wollte.

Die Leipziger Volkszeitung leistete ihren von der SED zugewiesenen Beitrag und veröffentlichte auch in ihrer Ausgabe am Montag, den 9. Oktober Leserbriefe, die sich gegen Demonstrationen aussprachen. »Weshalb bringt man diese Handlanger, die von der BRD aufgefordert werden, die innere Ruhe zu stören, nicht hinter Gitter, denn dort gehören sie hin? [...] Wenn diese Elemente, denn anders kann man diese Leute nicht bezeichnen, nicht begreifen wollen, wessen Brot sie essen, dann muss man es ihnen beibringen«, wurde ein markiger Brief zitiert. Warum diese Menschen eigentlich demonstrierten, darüber schrieb die LVZ nicht.

Bereits um 8 Uhr wurden an diesem Montag im Kultursaal der VP-Bereitschaft vor Führungskadern Videoaufzeichnungen zur Analyse vorgeführt, vermutlich von vergangenen Demonstrationen. Bei der SED-Bezirksleitung gab es zeitgleich eine Sitzung, in der der amtierende 1. Sekretär und gleichzeitige Vorsitzende der Bezirkseinsatzleitung Helmut Hackenberg die weiteren Bezirkssekretäre auf die für den Abend geplanten Maßnahmen hinwies.

Der Chef der Leipziger Staatssicherheit Generalleutnant Manfred Hummitzsch und besonders Generalmajor Gerhard Straßenburg waren auf Seiten der Polizei zwar für das konkrete operative Handeln der Einsatzkräfte vor Ort zuständig, Hackenberg hatte als oberster amtierender SED-Funktionär im Bezirk Leipzig jedoch die höchste Entscheidungsbefugnis. Er würde den Einsatz letztlich befehligen – und mit seinen Sekretären die Verantwortung tragen müssen.

Der Leiter des Leipziger Zentralinstituts für Jugendforschung und SED-Mitglied Prof. Walter Friedrich war zu diesem Zeitpunkt bereits aus eigenem Antrieb nach Berlin gefahren und konnte im Zentralkomitee gegen 9.30 Uhr für etwa 30 Minuten mit dem Mitglied des SED-Politbüros Egon Krenz sprechen. Egon Krenz galt inoffiziell als Thronfolger Erich Honeckers und war außerdem im Zentralkomitee der SED zuständig für Sicherheitsfragen. Prof. Friedrich und sein Institut lieferten seit Jahrzehnten fundierte und realitätsnahe Informationen über die Jugend in der DDR und somit über den Zustand des Landes selbst. Die wissenschaftlichen Ergebnisse blieben jedoch gerade deswegen unter Verschluss. Unter dem Eindruck der anhaltenden Massenflucht und der am Abend in Leipzig drohenden »chinesischen Lösung« übergab Friedrich eine aktuelle zwanzigseitige Lageeinschätzung von der Stimmung im Land und mahnte Krenz eindringlich, dass es in Leipzig friedlich bleiben müsse. Krenz versprach, sich darum zu kümmern, aber als Friedrich wieder zurückfuhr, wusste er nicht, ob das Treffen dahin gehend etwas bewirkt hatte. Jedenfalls scheint Krenz nicht sofort aktiv geworden zu sein. Später erklärte er, dass er am Abend, als die Genossen der SED-Bezirksleitung von Berlin eine Entscheidung forderten, zunächst »in Berlin sicherstellen [musste], dass nirgendwo ein Befehl existiert, dass am Abend militärische oder polizeiliche Gewalt gegen Demonstranten eingesetzt wird«.[24] Das bedeutet, dass Krenz zwischen dem Treffen mit Prof. Friedrich gegen 10 Uhr und dem Anruf aus Leipzig um 18 Uhr ganze acht Stunden Zeit gehabt hatte, in Erfahrung zu bringen, was die Einsatzplanung für Leipzig vorsah und Korrekturen hätte veranlassen oder wenigstens erbitten können. Es ist absolut unwahrscheinlich, dass ihm das in seiner Funktion nicht gelungen wäre, auch wenn er Honecker an diesem Tag aufgrund dessen Treffen mit ausländischen Delegationen nicht persönlich erreichen konnte, wie er später sagte. Es muss daher angenommen werden, dass Krenz – in erster Linie mit den internen Vorbereitungen der »Palastrevolte« gegen Honecker beschäftigt – den Beschwörungen von Prof. Friedrich in Bezug auf einen gewaltfreien Verlauf der Demonstration in Leipzig nicht die notwendige Bedeutung beigemessen hatte und erst nach dem Anruf aus der Bezirksleitung in Leipzig gegen 18 Uhr aktiv wurde. Oder ihm war die Einsatzplanung für Leipzig sehr wohl bekannt, und er hatte mit den vorgesehenen polizeilichen Maßnahmen zur gewaltsamen Auflösung einer in seinen Augen staatsfeindlichen Demonstration kein Problem, war es doch allgemeiner Sprachgebrauch innerhalb der SED, in diesem Zusammenhang von Rowdys und Konterrevolutionären zu sprechen. Warum sollte er dazu von Berlin aus ein differenzierteres Bild haben? Das fehlte ja bereits den allermeisten SED-Entscheidungsträgern in

Leipzig. Anhand der eingesehenen Akten ist jedenfalls nicht erkennbar, dass es im Laufe des Tages aus Berlin neue Instruktionen gegeben hätte, die eine deeskalierende Polizeitaktik erkennen ließen. Berlin blieb stumm. Erst als am Abend die Genossen vor Ort nicht mehr weiterwussten, musste sich Krenz des Problems annehmen. Er selbst bleibt in seinen bereits ein Jahr später erschienenen Memoiren in Bezug hierauf ausweichend.[25]

Die eingeplanten Polizeikräfte standen am Montag, den 9. Oktober ab 14 Uhr in Leipzig dienstbereit, die Unterstützungskräfte aus anderen Bezirken der DDR waren teilweise schon am Vortag eingetroffen, die Sonderfahrzeuge parkten – noch nicht sichtbar im Stadtbild – an den ihnen zugewiesenen Standorten. Sichtbar wurden hingegen im Laufe des Nachmittags die zahlreichen Polizeikräfte platziert, die überall in der Innenstadt mit ihren olivgrünen Lastkraftwagen Präsenz zeigten: ob auf der Reichsstraße, am Nikolaikirchhof oder am Karl-Marx-Platz. Teilweise trugen sie die in der DDR bislang weitgehend unbekannte Sonderausrüstung in Form von Helmen und Schilden. Auch Kampfgruppenkompanien standen in der Innenstadt sichtbar bereit. Die umliegenden Geschäfte waren zuvor angewiesen worden, bereits um 17 Uhr zu schließen.

Ab 14.15 Uhr befanden sich in der Nikolaikirche zahlreiche kurzfristig abkommandierte Leipziger SED-Mitglieder, um Teilnehmern des um 17 Uhr beginnenden Friedensgebets und somit möglichen Demonstranten den Platz in der Kirche zu nehmen – eine geradezu hilflose Geste der Bezirksleitung, verbunden mit der Idee, dass einzelne zuvor bestimmte SED-Mitglieder gegebenenfalls das Wort vor den Versammelten ergreifen könnten. Für die später Hinzukommenden wurde seitens der Kirchenleitung die Empore geöffnet, sodass gegen 17 Uhr etwa 2000 Personen in der Nikolaikirche waren. Ab 16 Uhr vermerkte die Polizei zudem Zulauf zur Thomaskirche, zur Reformierten Kirche und zur Michaeliskirche, in denen ebenfalls Friedensgebete stattfanden.

Um 15.15 Uhr beobachtete die Polizei an der Eingangsseite der Nikolaikirche zwei Personen, die ein Transparent mit der Aufschrift »Leute, keine sinnlose Gewalt. Reißt euch zusammen und lasst Steine liegen« anbrachten. Zwanzig Minuten später stellten die Beamten die Verteilung von Handzetteln auf dem Nikolaikirchhof an die umstehenden Passanten fest, u. a. den am Vorabend vervielfältigten gemeinsame Appell zur Gewaltlosigkeit des »Arbeitskreises Gerechtigkeit«, der »Arbeitsgruppe Menschenrechte« und der »Arbeitsgruppe Umweltschutz«. Im Einsatzbericht der Polizei heißt es dazu: »Bei Beginn des Montagsgebetes befanden sich ca. 1000 Personen auf dem Vorplatz und im umliegenden Bereich war eine hohe Menschenkonzentration zu verzeichnen. In der Folge kam es zu Diskussionen innerhalb von Personengruppen, zur Verteilung von Zetteln, zur Formierung bzw. Bewegung von Gruppen unterschiedlicher Größe im Stadtzentrum und zum Verweilen einer Vielzahl von Personen mit offensichtlicher Erwartungshaltung. An mehreren Stellen wurden brennende Kerzen sichtbar.«[26]

Neben den bereits genannten Initiativen verteilte außerdem eine Gruppe namens »Für eine Vereinigte Linke« im Namen von Mitgliedern und Befürwortern des Neuen Forums Flugblätter in der Stadt und in den am Montagsgebet teilnehmenden Kirchen. Auch wenn die Reichweite der beiden Flugblätter letztlich gering war, so zeigten sie doch jedem, der einen der Zettel in die Hand bekam, dass verschiedene Gruppen zu unbedingter Gewaltlosigkeit aufriefen. Die illegalen Flugblätter sprachen auch die Polizeikräfte direkt an, doch sie konnten lediglich an deren

Gewissen appellieren. Nur ein Einsatzbefehl von oben würde die aufgefahrene Maschinerie an Polizei und Sicherheitskräften noch stoppen können.

Die Friedensgebete begannen um 17 Uhr unter großer Zuhörerbeteiligung in den vier Kirchen des Stadtzentrums. Der evangelische Landesbischof Johannes Hempel eilte dabei von Kirche zu Kirche, um jeweils vor den Versammelten zu sprechen. Auch er war sich des Ernstes der Lage bewusst: »Damit nicht Blut vergossen wird, bitte ich Sie um Gewaltlosigkeit.« Und er wünschte allen Anwesenden »gutes Durchkommen«.[27] Stunden zuvor hatte Landesbischof Hempel ein Gespräch mit dem stellvertretenden Vorsitzenden des Rates des Bezirks Leipzig für Inneres Dr. Hartmut Reitmann geführt, in dem er seine Unterstützung zur Verhinderung von Gewalt und für einen Dialog anbot. Dem Wunsch seitens der SED, dass die Kirche die Demonstration verhindere, konnte Hempel verständlicherweise nicht nachkommen, da er dafür über keinerlei praktische Möglichkeiten verfügte.

Und noch ein kurzfristig entstandener Aufruf wurde während des Montagsgebets in den vier Kirchen verlesen, der kurz vor 18 Uhr auch über den sogenannten Stadtfunk, die Lautsprecher an den Straßenbahnhaltestellen der Innenstadt, zu hören war und mehrmals wiederholt wurde. Viele der draußen stehenden Menschen befürchteten zunächst, die Polizei würde etwas verlautbaren, aber es war die Stimme des bekannten Leipziger Gewandhauskapellmeisters Prof. Kurt Masur. Dieser rief im Namen des Theologen Dr. Peter Zimmermann, des Kabarettisten Bernd-Lutz Lange sowie der drei SED-Bezirkssekretäre Dr. Roland Wötzel, Dr. Kurt Meyer und Jochen Pommert zur Besonnenheit und zum Dialog auf und bat alle Beteiligten um unbedingte Gewaltlosigkeit. Diese Worte vernahmen nicht nur die umstehenden Demonstranten, sondern auch die Einsatzkräfte der Polizei.

Anlage

AUFRUF

Nach der Demonstration am letzten Montag von etwa 20 000 Leipziger Bürgern und den Ereignissen des 7. Oktober stehen alle demokratischen Kräfte vor einer Herausforderung.
Deshalb rufen wir auf:

- Organisation statt Konfrontation!
- Dialog statt Gewalt!
- Einsatz für Demokratie mit demokratischen Mitteln!

Und fordern:

- Zusammenschluß aller demokratischen Kräfte
- Aktives Handeln der Reformkräfte in der SED
- Stellt alles Trennende zurück!

Das "Neue Forum" kann die Plattform dafür sein.
Öffentlichkeit ist für unsere Gesellschaft überlebenswichtig, seid Euch dieser Verantwortung bewußt, sorgt für einen friedlichen Verlauf der Demonstration:

- Provoziert nicht, laßt euch nicht provozieren!
- Durchbrecht keine Absperrungen!
- Keine Konfrontation mit BePo und Kampfgruppen - Dialog!
- Schützt die Polizisten vor Übergriffen!
- Stoppt Betrunkene, Provokateure - alle Gewalttätigen!
- Geht nach Ende der Demo friedlich nach Hause!
- Unterlaßt Einzelaktionen!

Nur so werden Forderungen nach

OFFENHEIT, DIALOG und ERNEUERUNG

durchzusetzen sein.

Die demokratische Bewegung kann nur friedlich und gewaltfrei ihren Weg gehen.
Zeigen wir uns gemeinsam solidarisch handelnd auf der Höhe der Zeit.

09. 10. 89

Im Namen von Mitgliedern und Befürwortern des "Neuen Forums"

FÜR EINE VEREINIGTE LINKE!

Lesen! Weitergeben! Vervielfältigungen!

Die Initiativgruppe »Für eine Vereinigte Linke« verteilte am 9. Oktober 1989 dieses Flugblatt unter den Demonstranten.

Kurz darauf war das Friedensgebet in den vier Kirchen beendet, die Besucher strömten hinaus und trafen auf eine schier unübersehbare Menschenmenge, die mit ihnen zusammen demonstrieren wollte. Niemand hatte das organisiert, keiner ein Fronttransparent dabei, nirgendwo ein Lautsprecherwagen, der den Leuten sagte, was sie tun sollten. Mehr als 70 000 waren es an dem Abend, voller Angst vor der hochgerüsteten Polizei, voller Entschlossenheit, etwas gegen den Stillstand im Land tun zu müssen, voller Hoffnung auf Veränderung.

Langsam schob sich die Menge auf den bereits gut besuchten Karl-Marx-Platz, argwöhnisch beäugt von den Polizeikräften, die neben der Oper standen und immer noch auf ihren Einsatzbefehl warteten. Der Demonstrationszug lief schließlich wie die Woche zuvor über den Ring in Richtung Hauptbahnhof, genau dorthin, wo der »Sicherungsbereich 2« begann. Doch bevor der Einsatzplan umgesetzt werden konnte, erfolgte um 18:35 Uhr die erlösende interne Nachricht an die Einsatzkräfte: »Vorsitzender der BEL [Bezirkseinsatzleitung] und Chef [gemeint ist Polizeichef Straßenburg]: Nach Bestätigung wird befohlen, keine aktiven Handlungen gegenüber den Demonstranten zu unternehmen. Befehl Chef: An alle Einsatzkräfte ist der Befehl zu erteilen, dass der Übergang zur Eigensicherung einzuleiten ist! Einsatz [der] Kräfte nur bei Angriffen auf Sicherungskräfte, Objekte und Einrichtungen. Bei Angriff – Abwehr mit allen Mitteln.«[28]

Die Bezirkseinsatzleitung musste nicht zuletzt aufgrund der Masse an Menschen kapitulieren, wollte sie kein Blutbad riskieren. Verzweifelt hatte Hackenberg gegen 18 Uhr noch versucht, in Berlin eine neue Einsatzentscheidung aufgrund der unerwartet hohen Zahl von Demonstranten zu bekommen. Doch Egon Krenz, mit dem er am Telefon sprach, wich aus und wollte sich zurückmelden. Als dies ausblieb, entschied Hackenberg eigenmächtig – nachdrücklich gefordert von den drei SED-Sekretären, die den Aufruf mitunterzeichnet hatten –, den Einsatz abzubrechen. Die Polizeikräfte zogen sich daraufhin zurück, der Ring um die Leipziger Innenstadt gehörte einzig den mehr als 70 000 Demonstranten. Nach einer knappen Stunde hatten sie den Ausgangspunkt Karl-Marx-Platz wieder erreicht, die Menge zerstreute sich friedlich, und die Stadt leerte sich. Krenz rief erst um 19:15 Uhr zurück und billigte letztlich im Nachgang die Entscheidung Hackenbergs.

An dem Abend waren im Übrigen nicht nur Leipziger auf dem Ring unterwegs, wie die Polizei feststellte: »Im Zug der Aufklärung war zu erkennen, dass mehr als 5000 Personen die Deutsche Reichsbahn in alle Richtungen benutzten. Ein erhöhter KFZ-Verkehr war auf der F2/F95 in Richtung Gera und Karl-Marx-Stadt, der F87 in Richtung Weißenfels bzw. Torgau, der F6 in Richtung Halle und der F184 in Richtung Delitzsch zu erkennen.«[29]

Die Polizei resümierte wenige Stunden später in einem Bericht nach Berlin: »Aufgrund der zentralen Entscheidung erfolgten im Zusammenhang mit der Demonstration nur die unbedingt erforderlichen polizeilichen Maßnahmen [...]. Es wurden 10 Zuführungen vorgenommen (davon 6 wegen Fotografierens von Einsatztechnik), davon 9 innerhalb des Demonstrationsraumes. [...] 21:20 Uhr wurde die Handlungsbereitschaft der Kräfte der NVA in deren Kasernen in Delitzsch und Bad Düben aufgehoben. [...] Von den alarmierten Kampfgruppeneinheiten erreichten die 2. KGH 100 Prozent, aber die anderen 5 KGH nur Einsatzstärken zwischen 40,2 und 58,3 Prozent (in der Mehrzahl nicht erreicht, in einigen Fällen das Kommen verweigert). Der gesamte Einsatz erfolgte unter straffer Führung der Partei.«[30] An anderer Stelle meinte die Polizei in Bezug auf die Demonstration nüchtern, dass sie »nur durch einen massiven Einsatz von Hilfsmitteln durch die Einsatzkräfte zu verhindern gewesen wäre«.[31] Um 22 Uhr wurde schließlich auch an den munitionierten Schützenpanzerwagen die »Ausgangslage« wiederhergestellt.[32]

Bereits am nächsten Tag brachte die interne »Parteiinformation« der Bezirksbehörde der DVP die Situation treffend auf den Punkt: »Mehr denn je wird die Auffassung vertreten ›mit polizeilichen Mitteln ist dieser Erscheinung nicht mehr zu begegnen‹. [...] Einsatzkräfte [...] vertraten die Auffassung, ›Wir fühlten uns wie auf einem Pulverfass‹, ›Die Durchsage des Stadtfunkes wirkte beruhigend auf die Demonstranten und auf uns‹.«[33]

Die Nachbereitung des »Ordnungseinsatzes« seitens der Volkspolizei am Folgetag war aber auch davon geprägt, das Zurückweichen in einen Sieg umzudeuten – und zu offenbaren, dass man immer noch nicht mitbekommen hatte, wer da eigentlich demonstrierte. Der Chef der Leipziger Volkspolizei Generalmajor Straßenburg schrieb: »Offensichtlich unter dem Eindruck hoher gesellschaftlicher Aktivität progressiver Bürger, der Wirkung der Veröffentlichungen in der LVZ, besonders vom 09.10. über rowdyhafte Ausschreitungen am 02.10. und 07.10. sowie der starken Präsenz der Deutschen Volkspolizei und der Kampfgruppen der Arbeiterklasse handelten über 60 000 Teilnehmer des ungenehmigten Demonstrationszuges ohne Gewaltanwendung. [...] Die antisozialistischen Elemente sind dadurch nicht zu den vorgeplanten Krawallen gekommen. Provokationen und Angriffe gegen Einrichtungen der Arbeiter-und-Bauern-Macht wurden verhindert.«[34]

Eine der Legitimierungen des geplanten martialischen Polizeieinsatzes am 9. Oktober in Leipzig war im Vorfeld auch die wachsende »Gewalt« gegenüber den Einsatzkräften bei vorangegangenen Demonstrationen gewesen, z. B. das Entwenden von Uniformmützen. Aber auch die Ereignisse in Dresden am 3. und 4. Oktober spielten bei der Lageeinschätzung sicherlich eine Rolle. Obwohl die Polizeiführung Ausschreitungen befürchtete, wurde für die mögliche medizinische Versorgung der Einsatzkräfte am Abend des 9. Oktober in der Innenstadt lediglich ein (!) Krankenwagen mit Arzt, Schwester und Fahrer in Bereitschaft gehalten. Hinzu kamen die bei den Kompanien mitgeführten Sanitäter. Das zeigt, dass letztlich nicht mit ernsthaften bzw. massiven Angriffen auf die Polizei gerechnet wurde.

Im Gegensatz dazu sollen die Leipziger Krankenhäuser im Vorfeld des 9. Oktober angewiesen worden sein, sich auf eine größere Anzahl von Verletzten auch mit Schusswunden vorzubereiten, womit die Demonstranten gemeint waren. Ganze Krankenstationen wurden dafür leer geräumt und zusätzliche Blutkonserven angefordert.[35] Obgleich dazu keine Akten überliefert sind, so gingen bereits am Vormittag des 9. Oktober diesbezüglich Gerüchte durch die Leipziger Bevölkerung, verbreitet durch die Angestellten der Kliniken.

Immer wieder kam es auch bereits unmittelbar nach der Demonstration zu der Frage, ob es einen Schießbefehl gegeben hätte. Gerade die lokalen SED-Funktionäre bestritten dies vehement. Auf der anderen Seite zeigten die Vorbereitungen der Polizei eindeutig, dass man sich diese Option in jedem Fall offenließ. In der Wahrnehmung der Machthaber standen Leipzig und die DDR erneut vor einem 17. Juni 1953, dem teilweise nichtfriedlichen Aufstand von Zehntausenden gegen die SED. Man rechnete mit gewaltsamen Angriffen auf die Polizei, auf Vertreter des Staates und auf ihre Gebäude und wollte handlungsbereit sein. Anders sind die munitionierten Schützenpanzerwagen nicht erklärbar sowie die Tatsache, dass alle Zugführer der Bereitschaftspolizei ihre Schusswaffe plus der Erstausstattung an Munition bei sich führten. Dass solche Überlegungen und Planungen im Vorfeld möglicherweise auch offen ausgesprochen wurden, zeigt die Tatsache, dass in den Archiven sowohl die Protokolle der SED-Sitzungen in Leipzig als auch die Einsatzprotokolle der Polizei für den 9. Oktober fehlen. Es ist davon auszugehen, dass die Option des Schusswaffeneinsatzes im Vorfeld konkret im Raum stand und auch angesprochen wurde, man sich im Nachgang aber hinter die Schutzbehauptung zurückgezogen hat, dass es keinen schriftlichen Schießbefehl gab.

An dieser Stelle sei darauf hingewiesen, dass es bis zum 9. Oktober bei mehreren Demonstrationen in der DDR, vor allem in Berlin, Leipzig und Plauen, zu gewaltsamen Übergriffen seitens der Polizei auf Demonstranten gekommen war und besonders im Fall Dresden auch zu massiven Angriffen auf die Polizei. Der 9. Oktober 1989 in Leipzig stellt ganz klar eine Zäsur für die gesamte DDR dar. Seit dem friedlichen Ausgang dieser Demonstration kam es in der Folgezeit zu keinerlei Gewalttätigkeiten im Zusammenhang mit Demonstrationen. Die Losung »Keine Gewalt!« wurde in der gesamten DDR zum ersten Konsens zwischen Machthabern und Demonstranten, eingefordert von Letzteren.

»Die Zeit drängt«

Die gewaltfreie Demonstration am 9. Oktober war für die SED-Führung eine politische Niederlage. Ihre Argumente von heraufbeschworenen gewalttätigen Randalierern waren ins Leere gelaufen. Hinzu kam, dass die schiere Menge an Demonstranten von den Einsatzkräften nur mit äußerster Gewalt hätte auseinandergetrieben werden können. Der Staat musste an diesem Abend kapitulieren.

Doch nicht für alle in der SED war dieser Tag eine Niederlage. Dadurch, dass drei SED-Bezirkssekretäre in Leipzig die alles lähmende Parteidisziplin durchbrochen hatten und selbstständig ihrem Gewissen gefolgt waren, schöpften an der Basis viele Parteimitglieder Hoffnung, dass nun der längst überfällige Reformprozess – in der DDR und auch in der SED selbst – angestoßen werden könnte. In den Folgetagen kam es daher zu zahlreichen schriftlichen Solidaritätsbekundungen von Leipziger SED-Mitgliedern mit den drei Bezirkssekretären, die von Honecker auf der Politbürositzung am 10. Oktober in Berlin verächtlich als »Kapitulanten« bezeichnet worden sein sollen. Viele Professoren und Studenten der Karl-Marx-Universität sicherten Roland Wötzel in Briefen ihre Unterstützung für den begonnenen Dialog zu. Die Mitarbeiter des Ambulatoriums für Stomatologie, die SED-Grundorganisation des Stadtkrankenhauses Leipzig, das Kollektiv der Neuropsychologischen Abteilung der Poliklinik Schönefeld, die Mitarbeiter des Bereiches Tierphysiologie/Immunbiologie an der Universität, FDGB-Gewerkschaftsgruppen und andere – alle wandten sich schriftlich und in ungewohnt offenen Worten an ihren Parteifreund Wötzel, teilweise auch mit konkreten Vorschlägen. Das ging sogar so weit, dass z. B. die SED-Betriebsparteiorganisation des VEB Starkstrom-Anlagenbau Leipzig am 12. Oktober einen dreiseitigen Brief mit detaillierten und weitreichenden Reformvorschlägen an Wötzel schickte, die teilweise Forderungen von späteren Demonstrationen vorwegnahmen. Darin heißt es u. a. »Wir halten die Aufrechterhaltung des Wahrheitsmonopols der SED-Führung für politisch überlebt.« Konkret wurden Vorschläge zum Umbau der Wirtschaft gemacht, der politische Führungsanspruch der SED sollte weitgehend reduziert werden, Reisefreiheit, Zulassung oppositioneller Gruppen zu Wahlen, Pressefreiheit, Umweltschutz sowie mehr innerparteiliche Demokratie wurden eingefordert.[36] Der Text liest sich auch nach dreißig Jahren wie der Entwurf zu einem damals zeitgemäßen und zukunftsweisenden Parteiprogramm – zumindest aus Sicht von reformwilligen SED-Mitgliedern. Es ist augenscheinlich, dass diese detaillierten und wohlformulierten Vorschläge nicht über Nacht entstanden sind, sondern dass es dazu offenbar schon länger einen Austausch unter den SED-Genossen im Betrieb gegeben hatte. Nun glauben sie, dass die Zeit gekommen sei, mit diesen Ideen an die nächsthöhere Instanz heranzutreten, dass nun endlich eine Modernisierung stattfinden könnte.

Doch der Parteiapparat wartete immer noch auf Kurskorrekturen von ganz oben aus Berlin, war immer noch zu starr und zu sehr mit der Situation überfordert, um Vorschläge der Parteibasis kurzfristig öffentlich zu diskutieren oder gar umzusetzen. Zudem war die SED zwischen Reformern und Hardlinern gespalten, war Parteidisziplin immer noch ein zu großes Hemmnis, um gegen den überalterten und unflexiblen Führungsapparat aufzubegehren. Die Zeit drängte nicht nur, sie überrollte die SED.

Am 10. Oktober kam in Berlin das Politbüro des Zentralkomitees der SED zusammen. Es war das eigentliche Machtzentrum der DDR, im Übrigen ausschließlich von Männern besetzt mit einem Durchschnittsalter von mehr als 60 Jahren. Ungewöhnlich war diesmal, dass das Treffen über zwei Tage ging. Noch wagte Krenz nicht die Palastrevolte. Gleichwohl muss unter den etwa zwanzig Mitgliedern kontroverser als sonst hinter verschlossenen Türen diskutiert worden sein. Einzig sichtbares Ergebnis war eine Verlautbarung, die am Abend des 11. Oktober veröffentlicht wurde. Sie enthielt erstmalig – drei Monate nach Beginn der Massenflucht aus der DDR – die Andeutung einer differenzierteren Einschätzung durch die SED-Führung: es lässt »uns nicht gleichgültig, wenn sich Menschen, die hier arbeiteten und lebten, von unserer Deutschen Demokratischen Republik losgesagt haben.« Auf der anderen Seite zeigte man weiterhin seine Realitätsferne: »Doch wir sagen auch offen, dass wir gegen Vorschläge und Demonstrationen sind, hinter denen die Absicht steckt, Menschen irrezuführen und das verfassungsmäßige Fundament unseres Staates zu verändern.«[37] So konnte man keinen Dialog mit dem Volk beginnen. Und zwischen den Zeilen erkannten die Menschen gleichzeitig die Hilflosigkeit des Politbüros. Die SED offenbarte einmal mehr, dass sie nicht mehr in der Lage war, die drängenden Probleme im Land zu lösen.

Auch eindeutige Statements der »Blockparteien« fehlten zu diesem Zeitpunkt. Daran wird deutlich, dass sie bis weit in den Oktober 1989 hinein keine politische Größe jenseits der SED darstellten oder sich von ihr zu emanzipieren gedachten. Die Liberaldemokratische Partei Deutschlands unter Führung von Manfred Gerlach versuchte als erste mit leisen Tönen im Oktober die Zeichen der Zeit anzusprechen, was aber kaum wahrgenommen wurde und politisch auch in Berlin nichts bewegte. Die LDPD war wie die Ost-CDU und die anderen Blockparteien seit Jahrzehnten Teil des Systems, und sie alle verfügten auch jetzt nicht über das Rückgrat, den Demonstranten, einem repräsentativen Querschnitt durch die Bevölkerung der DDR, öffentlich und nachdrücklich beizustehen. Das Parteiensystem der DDR offenbarte, wie unfähig es war, auf die aktuelle Situation im Land zu reagieren. Kaum zu glauben, dass Teile dieser Parteien nur Monate später – mittlerweile im Westgewand – in die politische Verantwortung gewählt wurden.

Montag, 16. und 23. Oktober in Leipzig

Obgleich viele Menschen in der DDR im friedlichen Verlauf der Montagsdemonstration am 9. Oktober in Leipzig den Beginn einer neuen Zeit sahen, war für die SED-Führung noch lange nichts entschieden. Jetzt kam es erst recht auf die Sicherung der Macht an. Am Freitag, den 13. Oktober begab sich Egon Krenz mittags per Flugzeug nach Leipzig, zusammen mit dem stellvertretenden Minister für Staatssicherheit Rudi Mittig, dem stellvertretenden Verteidigungsminister Fritz Streletz, dem stellvertretenden Minister des Innern Karl-Heinz Wagner und dem Leiter der Abteilung für Sicherheitsfragen des ZK der SED Wolfgang Herger, um sich in der SED-Bezirksleitung mit den Leipziger Genossen zu beraten. Die hochkarätige Zusammensetzung der Delegation zeigte deutlich, dass es ausschließlich um Sicherheitsfragen bezüglich der nächsten Montagsdemonstration in Leipzig ging. Nach gut anderthalb Stunden fuhr die Delegation zurück zum Flughafen. Es ist naheliegend, dass Krenz – die Palastrevolte gegen Erich Honecker auf der nächsten Politbürositzung vor Augen – den anstehenden Polizeieinsatz in seinem Sinne lenken wollte. Tage zuvor, am 9. Oktober, hatte er sich noch um eine kurzfristige Entscheidung gedrückt. Nun musste er seinen Genossen erklären, was er – zuständig im ZK für Sicherheitsfragen – sich vorstellte. Dabei war ein Balanceakt nötig. Einerseits musste das SED-Regime in Bezug auf eine erneute Massendemonstration handlungsfähig bleiben und hielt sich die Option einer Zerschlagung mit Polizei- und NVA-Kräften offen. Würde die Demonstration am 16. Oktober seitens der Teilnehmer in Gewalt umschlagen, mussten die Sicherheitskräfte die Lage sofort in den Griff bekommen, sonst wäre Krenz' Position im Politbüro geschwächt. Würde hingegen alles friedlich verlaufen, könnte er sich diesen Erfolg ebenfalls an die Brust heften und die Absetzung Honeckers fände wie geplant statt.

Direkt nach dem Treffen eilte die Delegation zurück nach Berlin ins Zentralkomitee. Die Gesprächsergebnisse wurden von Krenz und Streletz mit Erich Honecker besprochen und »Handlungsanweisungen« für die Einsatzkräfte in Leipzig festgelegt, in denen explizit die Verwendung von Schusswaffen untersagt wurde – ein eindeutiger Hinweis darauf, dass es am 9. Oktober genau diese Anweisung nicht gegeben hatte. Zunächst soll Honecker, nach späteren Erinnerungen von Streletz, vorgeschlagen haben, dass am Montagvormittag demonstrativ ein Panzerregiment auf dem Leipziger Ring zur Abschreckung auffahren solle. Dies wurde jedoch von Krenz und Streletz verneint, da es die Eskalationsspirale unnötig nach oben drehen und dadurch die geplante Palastrevolte behindern könnte.[38] Honecker folgte schließlich den Empfehlungen der beiden.

Für den 16. Oktober standen in Leipzig 2200 Polizisten bereit, zusätzlich noch 720 Polizisten auf Abruf in Dresden und Halle als »Ministerreserve«. Neun W50-LKWs und drei Schützenpanzerwagen, jeweils mit Räumgittern, warteten auf ihren Einsatz, ebenso vier Wasserwerfer. Die NVA hatte – aufgrund einer Festlegung durch die Bezirkseinsatzleitung vom 14. Oktober – ebenfalls zusätzliche Kräfte nach Leipzig verlegt, und als Reserve standen abermals 1450 Soldaten zur Verfügung.[39] Für die NVA wurden für den Montag aus Polizeibeständen in Ostberlin noch kurzfristig 500 Schlagstöcke geliefert. Ebenso gab es in den Kasernen spezielle Einweisungen zu deren Gebrauch. Zusätzlich verlegte man 300 Soldaten einer gut ausgebildeten Fallschirmjägereinheit nach Leipzig und stattete sie mit der »Sonderausrüstung« der Polizei (Helm, Schild und Gumminknüppel) aus. Die Truppe befand sich auf Abruf in einer Kaserne in der Olbrichtstraße.[40] Bereits am 13. Oktober hatte die Polizei nochmals einen – letztlich nicht realisierten – Plan über den »Einsatz von NVA-Einheiten zur Objektsicherung/-verteidigung am 16. 10. 1989« vorgelegt. Insgesamt elf Objekte in Innenstadtnähe, unter anderem der Hauptbahnhof, die Hauptpost, das Neue Rathaus, das Interhotel Merkur und die LVZ-Redaktion nebst Druckerei, sollten von Armeekräften gesichert werden.[41] Nach wie vor glaubte man sich in ähnlichen Verhältnissen wie zur Zeit des Arbeiteraufstands 1953. Wie sehr man bewaffnete Auseinandersetzungen befürchtete, zeigt auch die Tatsache, dass am 13. Oktober in einem Fernschreiben nochmals nachdrücklich die Überprüfung und Sicherung aller Objekte gefordert wurde, in denen Waffen, Munition und Sprengstoffe lagerten.

Die Kampfgruppen der Arbeiterklasse wurden hingegen nicht mehr einbezogen. Gerade in den Hundertschaften war massiver Unmut über ihren Einsatz am 9. Oktober geäußert worden. Die Staatssicherheit listete, Stand 15. Oktober, allein für Leipzig 85 Befehlsverweigerungen auf. Auch aus anderen Bezirken der DDR wurden Austritte und Befehlsverweigerungen gemeldet, etwas, das noch Wochen zuvor undenkbar gewesen wäre.[42] Die Kampfgruppen waren bereits keine zuverlässige Stütze des Regimes mehr und befanden sich in beginnender Selbstauflösung.

Am Abend des 16. Oktober kamen etwa 120 000 Menschen in Leipzig zusammen, um – komplett unorganisiert

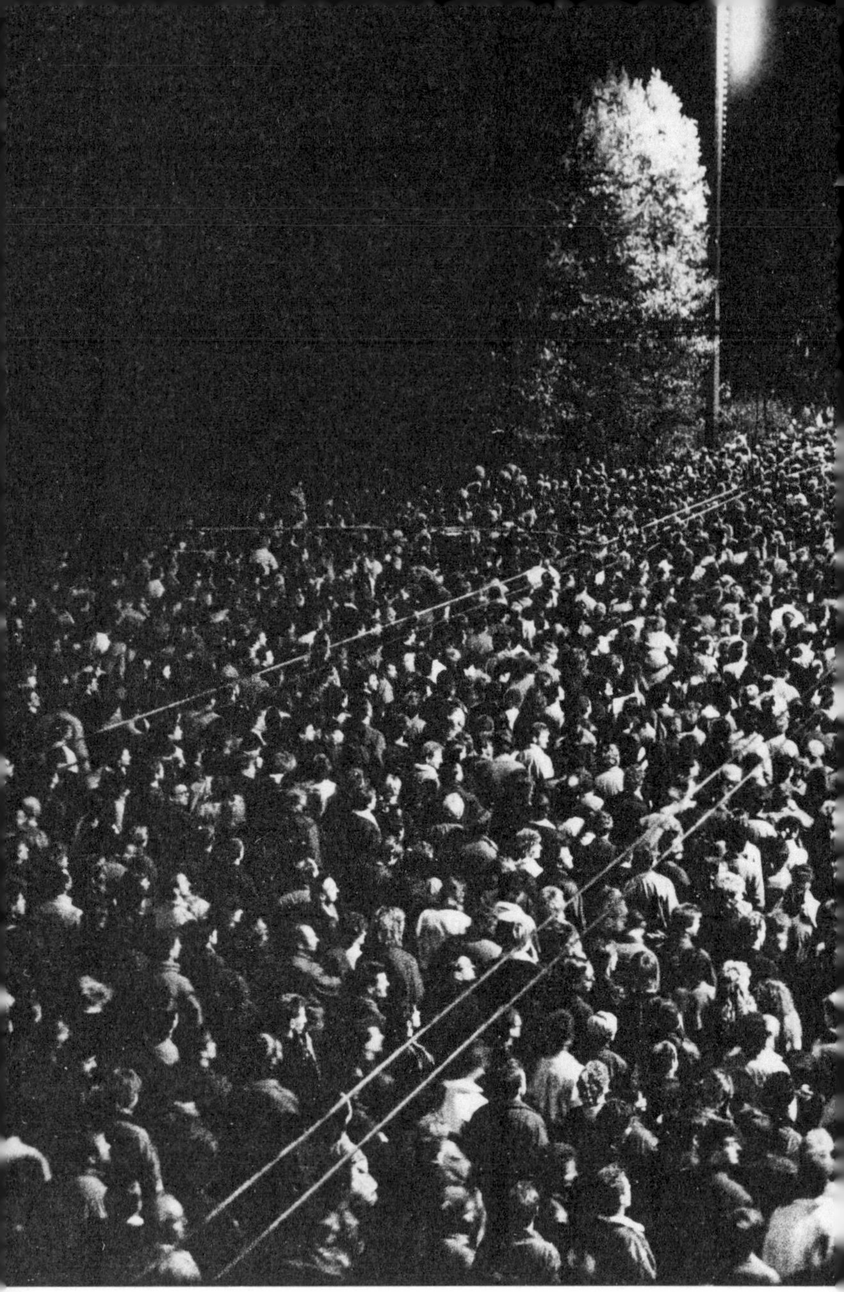

Leipziger Montagsdemonstration am 16. Oktober 1989.

und völlig gewaltfrei – zu demonstrieren. Zeitgleich saßen in Ostberlin Honecker, Krenz, Streletz und Innenminister Friedrich Dickel vor einem Fernseher und verfolgten in einer Liveschaltung das Demonstrationsgeschehen, übertragen von Überwachungskameras auf dem Leipziger Ring.

Die Polizei blieb inaktiv und verhaftete an dem Abend lediglich außerhalb des Stadtzentrums insgesamt zehn ausländische Journalisten: drei aus den Niederlanden, zwei aus Großbritannien, einen aus Dänemark. Aus den sozialistischen »Bruderländern« wie Ungarn, der ČSSR und Jugoslawien wurden vier Korrespondenten festgesetzt.[43]

Bei der Nachbereitung des Einsatzes wurde durch die Polizei vermerkt: »Bei den Vorgesetzten zukommandierter Kräfte aus anderen Bezirken zeigte sich wiederholt, dass ›Kenntnisse‹ über die polizeiliche Lage in der Stadt Leipzig aus westlichen Medien stammen. Dadurch treten zusätzliche Probleme bei der Einweisung vor Ort auf.«[44]

Zwei Tage später traute sich Egon Krenz im Politbüro die Palastrevolte, deren Initiative im Übrigen nicht von Krenz selbst, sondern aus dem zentralen Parteiapparat gekommen sein soll.[45] Erich Honecker wurde auf der Sitzung von seinem Posten abgewählt, ebenso die Politbüromitglieder Günter Mittag und Joachim Herrmann. Doch der erhoffte Befreiungsschlag kam letztlich Jahre zu spät. Krenz war zu lange Teil des Systems gewesen, als dass ihn jetzt noch jemand außerhalb der SED für einen echten Reformer hielt. Er konnte in den Folgewochen den Ereignissen nur noch hinterherlaufen, anstatt sie aktiv zu gestalten und zu beeinflussen. Deutlich wurde das bereits am selben Tag, als er sich abends in einer TV-Ansprache an die Bevölkerung wandte. Zwar riss er einige aktuelle Probleme an und verkündete sogar: »Mit der heutigen Tagung werden wir eine Wende einleiten«, er blieb jedoch den Menschen im

Land viele Antworten schuldig. Auch wenn Krenz den später viel benutzten Begriff einer »Wende« in diesem Zusammenhang erstmalig öffentlich aufgriff, die von ihm verkündete Wende hatten die Menschen in der DDR bereits selbst eingeleitet. Immerhin wurde die Rede von Egon Krenz am Tag danach bei der Leipziger Volkspolizei besprochen: »In allen Dienststellen [...] wurde die Wandzeitung aktualisiert und erste Meinungen veröffentlicht.«[46]

Auch am folgenden Montag, den 23. Oktober bereitete sich die Polizei in Leipzig auf eine gewaltsame Auflösung der Demonstration vor. Geradezu paranoid schien man dem eigenen Volk zu misstrauen. Seitens der Polizei standen wieder mehrere Einsatzkompanien auch aus anderen Städten mit »Sonderausrüstung« bereit, drei Schützenpanzerwagen mir Sperr- und Räumschilden, ebenso zwei Wasserwerfer und sechs Schützenpanzerwagen »mit Munition«.[47] Nach wie vor behielt sich die Einsatzleitung die Option vor, notfalls mit Schusswaffen gegen die Menschen vorgehen zu können. Das Gelände der Agra in Leipzig-Markkleeberg wurde ab dem 23. Oktober sogar noch als »zentraler Zuführungspunkt« erweitert. Es standen nun die Hallen 10 und 12 mit je 600 qm zur Verfügung, die im Übrigen nicht beheizbar waren.

Im Gegensatz zu den vorangegangenen Montagen gab es jedoch seitens der Staatssicherheit einen Hinweis an die Polizei, dass ab sofort keine ausländischen Journalisten mehr abgewiesen werden sollten, die nach Leipzig wollten.

Am Abend des 23. Oktober kamen nach Polizeiangaben allein im Hauptbahnhof etwa 8000 Personen an, die zur »Montagsdemo« wollten. Bis zu 300 000 Menschen waren schließlich auf dem Leipziger Ring unterwegs – auf einer nach wie vor de facto illegalen Demonstration. Auch der personelle Wechsel in Berlin konnte die Menschen nicht mehr aufhalten. Die Polizei zählte 280 Transparente und fünf Gorbatschow-Bilder. Immerhin informierte abends das DDR-Fernsehen erstmalig aus Leipzig mit aktuellen Berichten.

Die Leitung der Polizei blieb unverändert eine feste Stütze der SED. So wurden in der »Parteiinformation« der Bezirksbehörde der Deutschen Volkspolizei vom 24. Oktober in Bezug auf die letzten Einsätze bei den Montagsdemonstrationen geradezu Durchhalteparolen formuliert: »Alle Einsatzkräfte zeichneten sich durch ihre politische Standhaftigkeit, festes Vertrauen in das ZK der SED, initiativreiches Handeln bei der Erfüllung der Beschlüsse der Partei, der Gesetze und Befehle sowie revolutionäre Wachsamkeit aus.« Im gleichen Papier wurde aber auch festgehalten: »Erscheinungen wie unklare Haltungen, Schwankungen und kapitulantenhaftes Verhalten einzelner Genossen widerspiegeln sich in den Bemühungen, vorzeitig aus dem Dienstverhältnis auszuscheiden.«[48] Die politischen Erosionen machten letztlich auch vor der Polizei nicht halt.

Am 24. Oktober fand außerdem die 19. Sitzung der Leipziger SED-Bezirksleitung statt, die einzige vom Oktober 1989, von der Akten in den Archiven überliefert sind. Es herrschte einerseits Ratlosigkeit, andererseits gab man sich kämpferisch. Von einer grundlegenden Selbstkritik war man in der Runde noch weit entfernt. Immerhin hatte man die Tatsache anerkannt, dass es eine Opposition gab und man sich mit ihr an einen Tisch setzen müsse. Aber noch immer war man in den alten Strukturen gefangen. Der amtierende 1. Sekretär Helmut Hackenberg meinte dazu: »Die Entscheidung darüber, ob man mit der Opposition reden soll […] ist eine Entscheidung, die zentral gefällt werden muss.«[49] Man wartete also auf Weisungen aus Berlin. Das Neue Forum bezeichnete man immerhin schon als »ideologischen Hauptgegner«, den man bloßstel-

Sympathiebekundung für den sowjetischen Staatschef Michail Gorbatschow auf der Montagsdemonstration am 23. Oktober 1989 in Leipzig.

Brennende Kerzen entwaffnen Polizisten auf der Montagsdemo am 23. Oktober 1989 in Leipzig.

Die zentralen Forderungen der Demonstranten auf einer Montagsdemonstration im Oktober 1989 in Leipzig.

len wollte. Dass gerade überall im Land die Politik der SED öffentlich bloßgestellt wurde, war bei den Genossen noch nicht angekommen. Und man überlegte fieberhaft, wie man mit politischen Mitteln die montäglichen Demonstrationen in Leipzig beenden könnte, denn diese unkontrollierbare Menschenansammlung war den Genossen nach wie vor unheimlich.

Die Hilflosigkeit der Partei, die auf die aktuellen Ereignisse kurzfristig und angemessen nicht reagieren konnte, wurde nur allzu offenbar. Die Macht der SED bröckelte täglich. Ihre Zeit war abgelaufen, sie konnte es sich nur noch nicht eingestehen.

Zwischen Niedergang und Wiedervereinigung

Der Monat vom 9. Oktober bis zum 9. November 1989 war für viele Ostdeutsche die vielleicht spannendste Zeit in der DDR, die spannendste Zeit der Friedlichen Revolution. Nach dem gewaltlosen Verlauf der Montagsdemo am 9. Oktober in Leipzig verschwand noch stärker und noch schneller die Angst vor dem SED-Machtapparat, der nur noch ohnmächtig auf die Ereignisse schauen konnte, die ihn gerade überrollten. So vieles schien plötzlich sagbar und möglich, was vorher undenkbar war. Immer mehr Menschen quer durch die DDR überwanden in diesen Tagen ihre Sprachlosigkeit und probten den aufrechten Gang. Die nun überall stattfindenden offenen Diskussionen mit den lokalen Vertretern der SED führten deren Sprachlosigkeit sichtbar vor. Alle spürten, dass die Ära der SED zu Ende ging, dass die Bürger sich ihr Land nun endlich selbst aneignen könnten. Und auch wenn es keine einheitlich agierende Oppositionsbewegung gab, so wurden doch überall in der DDR von den Demonstranten die gleichen Forderungen gestellt, wurde politischer Wille öffentlich artikuliert: Reisefreiheit, unabhängige Medien, Zulassung von neuen Parteien, freie Wahlen, Schaffung eines Zivildienstes, Umweltschutz, Abschaffung des Ministeriums für Staatssicherheit, Reformierung der Wirtschaft, keine Privilegien für SED-Mitglieder und noch einiges mehr. Diese Grundrechte wollten die Menschen nun endlich umsetzen. Forderungen nach der deutschen Einheit bestimm-

Prager Frühling im Leipziger Herbst.

ten die Diskussionen zu diesem Zeitpunkt kaum. Zunächst ging es vor allem um die DDR selbst.

Unzählige Menschen hatten über Jahrzehnte ihre Hoffnungen, ihre Utopien von einem gerechteren Land mit sich herumgetragen, stundenlang war darüber in verrauchten Kneipen oder bei Freunden zu Hause diskutiert worden, wie ein Land mit einem grundlegend reformierten demokratischen Sozialismus aussehen könnte, wie die Menschen sich hierzulande selbst verwirklichen könnten – ohne die Bevormundungen durch die SED. Genau aus diesem Grund hatten sich das Neue Forum und die anderen Gruppierungen gegründet. Der Prager Frühling 1968 kam in diesen Tagen vielen in den Sinn. Würde sein Erbe im Herbst 1989 fortgeführt werden können?

Und überall bestimmte der Konsens der Gewaltlosigkeit die Demonstrationen und Diskussionen. So groß auch die Wut auf die (noch) Herrschenden war, die Menschen griffen die SED nur mit Worten an – was die Einheitspartei umso mehr entwaffnete.

Ein eindrucksvolles Beispiel für den aufrechten Gang der DDR-Bürger war nicht zuletzt die von Theaterleuten organisierte Großkundgebung auf dem Berliner Alexanderplatz am Samstag, den 4. November. Sogar das DDR-Fernsehen übertrug die Veranstaltung, zu der Hunderttausende kamen. Die Entscheidung zur Sendung hatten übrigens die Fernseh-Mitarbeiter kurz entschlossen selbst gefällt und niemanden mehr von »oben« um Erlaubnis gefragt.

Täglich schmolz die Macht der SED wie Eis in der Sonne. Sie konnte nur noch reagieren, bekam aber zu keinem Zeitpunkt wieder das Heft des Handelns in ihre Hände. Als aufgrund des öffentlichen Drucks am 1. November die Grenzen zur ČSSR wieder geöffnet wurden, schwoll der Flüchtlingsstrom aus der DDR sofort an. Allein am 4. und 5. November reisten mehr als 23 000 DDR-Bürger über die ČSSR in die Bundesrepublik aus, und der Strom riss auch in den Folgetagen nicht ab. So viele Menschen in der DDR glaubten, dass man dieses Land grundlegend reformieren könnte, so viele wollten zeitgleich nicht mehr darauf warten. Ihre Alternative hieß Ausreise.

Die neuerliche Fluchtwelle zwang die SED-Führung schließlich, kurzfristig ein neues liberales Reisegesetz zu verabschieden, auch mit dem auf Machterhaltung gerichteten Hintergedanken, dass man so nochmals Druck abbauen könnte und die Massenflucht nach einem Aderlass irgendwann versiegen würde. In einer Pressekonferenz von SED-Funktionären am Abend des 9. November in Ostberlin erklärte das ZK-Mitglied Günter Schabowski überraschend, dass nun alle DDR-Bürger ohne Angabe von Gründen ins westliche Ausland reisen könnten, die notwendigen Visa würden unbürokratisch und kurzfristig er-

»Nie wieder Fahnenappell«: der 17-jährige Steffen Thüm auf der Leipziger Montagsdemo vom 6. November 1989. Zwei Jahre später wird er auf offener Straße in Leipzig von einem Autobesitzer erschossen, weil dieser ihn für einen Dieb hält. »Thümi« hatte mit der Angelegenheit jedoch absolut nichts zu tun gehabt.

teilt. Seine Annahme, dass dies »ab sofort« gelte, kam kurz darauf in die westlichen Medien und führte zum Ansturm auf die Grenzübergangsstellen und letztlich zum Fall der Mauer. Nirgendwo war die Freude größer als im geteilten Berlin. In den Folgetagen nutzten neben den zahlreichen ostdeutschen Tagestouristen viele auch die offene Grenze zur ständigen Ausreise. Der Strom aus dem Land verebbte nicht.

Und nicht nur die Menschen in der DDR, die sich gerade selbst aus einem unfreien Land befreiten, erkannten die historische Stunde. Der westdeutsche Bundeskanzler und Vorsitzende der West-CDU Helmut Kohl sah im Mauerfall die Chance, eine bis vor kurzem für utopisch gehaltene Wiedervereinigung der beiden deutschen Staaten nun politisch zu forcieren. Nicht einmal sein Außenminister Hans-Dietrich Genscher von der Koalitionspartei FDP wusste im Vorfeld von Kohls 10-Punkte-Plan, den er am 28. November 1989 überraschend im Bundestag in Bonn vorstellte. In den Folgewochen und Monaten reiste Kohl unablässig umher und erreichte trotz vielfältiger internationaler Vorbehalte in Moskau und Washington sowie in den ost- und westeuropäischen Nachbarländern letztlich die Zustimmung zu seinen Wiedervereinigungsplänen.

In Ostdeutschland fand er unter der Bevölkerung eine schnell wachsende Anhängerschaft für diese Idee. Der Ruf nach Wiedervereinigung wurde nach dem 9. November auch auf den Montagsdemonstrationen zunehmend lauter und dominanter. Für immer mehr Menschen in der DDR schien das die einzige Lösung, die aktuelle Situation schnell zu überwinden. Statt der Überlegungen, wie es mit der Umgestaltung der DDR zu einem demokratischen Staat weitergehen könnte, kam nun die nationale Frage der Deutschen auf die politische Tagesordnung. Anfang Dezember war Egon Krenz als Staatschef bereits zurückgetreten, seine Zeit war abgelaufen, wie das Rad der Geschichte sich gerade drehte: nämlich immer schneller.

Die früheren Blockparteien in der DDR, allen voran die Ost-CDU, profitierten in dieser Zeit zunehmend von ihren alten und neuen West-Schwestern und konnten sich jetzt politisch profilieren. In der ersten Phase der Friedlichen Revolution hatten sie lange geschwiegen und zunächst den Anschluss verpasst, während Gruppen wie das Neue Forum die Politik bestimmten und auch die neu gegründete Sozialdemokratische Partei für Hoffnung sorgte.

Neben der nationalen Frage eines geeinigten Deutschlands gab es für viele Ostdeutsche auch ganz pragmatische Überlegungen: Die DDR war wirtschaftlich und politisch stark geschwächt, kurz vor der erneuten Zahlungsunfähigkeit in Bezug auf Devisenkredite, hinzu kam die anhaltende Massenflucht. Nur durch eine schnelle Vereinigung der beiden deutschen Staaten würde sich die angespannte Lage sofort verbessern lassen. Viele waren nicht bereit, nochmals 40 Jahre hart zu arbeiten, um dann vielleicht den Lebensstandard zu erreichen, den die Westdeutschen jetzt schon hatten. Helmut Kohl hatte ihnen »blühende Landschaften« versprochen, warum also weitere Experimente wagen?

Die Montagsdemonstrationen veränderten darum auch in Leipzig ab Ende 1989 ihr Gesicht. Die Forderungen nach einem grundlegend reformierten demokratischen Sozialismus, nach einer demokratisierten DDR, traten immer mehr in den Hintergrund und verschwanden fast gänzlich. »Deutschland einig Vaterland« war nun die vielfache und lautstarke Parole, verbunden mit dem Wunsch, möglichst schnell am westdeutschen Wohlstand teilhaben zu können. Zum Jahreswechsel 1989/90 zeigte sich das auf der wöchentlichen Demonstration in Leipzig daran, dass die Teilnehmerschaft sich veränderte und die Stimmung zunehmend kippte. Kritiker an einer überhasteten Wiedervereinigung wurden von deren Befürwortern lautstark als »Rote« beschimpft und ausgebuht, westdeutsche Parteien aller Couleur betrieben Wahlkampf und fluteten Leipzig mit ihren Flugblättern. Nicht wenige Demonstranten, die am 9. Oktober auf dem Ring unterwegs gewesen waren, mieden inzwischen die Montage in Leipzig. So bemerkte bereits Anfang Februar 1990 die Wiener Zeitung »Die Presse«: »Die Helden bleiben lieber zu Hause. Sie überlassen die Leipziger Innenstadt nun anderen: Unter ihnen sind viele Radikale, Randalierer, Besoffene, Spinner, Extremisten, Sektierer. Leipzigs weltweit berühmte und geachtete Demonstrationskultur ist Geschichte.«

Am 18. März 1990 kam es schließlich zu den ersten freien Wahlen in der DDR – und zugleich zu den letzten. Die »Allianz für Deutschland«, bestehend aus der Ost-CDU, dem Demokratischen Aufbruch und der im Januar 1990 gegründeten Deutschen Sozialen Union, gewann mit 48 Prozent die Wahlen, zuvor massiv unterstützt durch die West-CDU. Die Ost-SPD erreichte knapp 22 Prozent. Anhand des Wahlergebnisses wurde nochmals sichtbar, wie sehr sich die Bedeutung der politischen Akteure zwischen dem Herbst 1989 und dem Frühjahr 1990 verändert hatte. Das »Bündnis 90«, ein Zusammenschluss der Bürgerrechtsgruppen Neues Forum, »Initiative Frieden und Menschenrechte« sowie »Demokratie Jetzt« erhielt lediglich knapp drei Prozent. Die aus der SED hervorgegangene Partei des demokratischen Sozialismus (PDS) kam immerhin noch auf 16 Prozent und wurde drittstärkste Kraft.

Durch das Wahlergebnis war der Weg zu einer schnellen Wiedervereinigung frei. Der Termin wurde in der Volkskammer Ende August 1990 beschlossen. Mehrere Tage waren für dieses historische Ereignis im Gespräch. Es gab auf der Sitzung auch den Vorschlag, die Wiedervereinigung am 9. Oktober 1990 zu vollziehen, im Gedenken an die mutigen Menschen, die ein Jahr zuvor in Leipzig demonstriert hatten. Dies hätte jedoch bedeutet, dass die DDR am 7. Oktober noch ihren 41. Geburtstag gefeiert hätte und das war politisch nicht gewollt. Daher einigte man sich auf den 3. Oktober. Die DDR war somit Geschichte.

Der 9. Oktober in Leipzig – Eine Nachbetrachtung

»Geschichte wird von Siegern geschrieben«, heißt es in einem Sprichwort. Dies trifft auch für die Ereignisse rund um den 9. Oktober 1989 in Leipzig zu. Viel ist dazu in den letzten dreißig Jahren publiziert worden – von unterschiedlicher Qualität und mit unterschiedlichen Intentionen. Dabei ist auffällig, dass sich die Publikationen der frühen 1990er Jahre oftmals um mehr Objektivität bemühten als spätere Veröffentlichungen. Alle Autoren sind sich einig, dass am 9. Oktober 1989 in Leipzig letztlich die schiere Masse von mehr als 70 000 gewaltfrei demonstrierenden Menschen die Staatsmacht hatte zurückweichen lassen – ein entscheidender Moment an diesem Tag.

Eine umfassende seriöse wissenschaftliche Aufarbeitung der Ereignissen in Leipzig gibt es bis heute nicht. Dieses Buch will und kann diese Lücke nicht schließen – obgleich hoffentlich ein neuer, differenzierter Blick auf diese Zeit möglich geworden ist.

Der 9. Oktober 1989 ist bei vielen Ostdeutschen, die die DDR noch bewusst miterlebt haben, fest im kollektiven Bewusstsein verankert, und auch die Stadt Leipzig selbst bemüht sich mit dem »Lichtfest« um ein Gedenken – mit zunehmend zweifelhaftem Erfolg als Tourismus-Event.

Mit den Jahren haben zudem die persönlichen Interessen der einzelnen am öffentlichen Gedenken beteiligten lokalen Akteure einen zu großen Raum bekommen; so entbrannte in Leipzig ein öffentlicher Streit um die Deutungshoheit. Die einen sehen in dem Aufruf der Leipziger Sechs nur einen marginalen Beitrag zur Befriedung der Ereignisse. Manche – vor allem Journalisten – sind nach dem Prominentenstatus gegangen und haben sich personell auf Kurt Masur beschränkt. Andere wiederum sahen den 9. Oktober 1989 in Leipzig im Nachgang sogar als Bestandteil bundesdeutscher Demokratiegeschichte – von allen Erklärungs- und Vereinnahmungsversuchen sicherlich der am weitesten um die Ecke gedachte. Schließlich ist am 9. Oktober 1989 in Leipzig niemand für die alte BRD auf die Straße gegangen, sondern für eine neue DDR. Erst ein Jahr später gehörte Leipzig dann doch zur Bundesrepublik. Somit ist jener Tag für immer Bestandteil ostdeutscher Demokratiegeschichte, aber nicht bundesdeutscher.

Am wenigsten beschäftigte man sich in den dreißig Jahren nach den Ereignissen damit, wie es drei SED-Bezirkssekretäre in Leipzig geschafft hatten, über ihren Schatten zu springen: in einem eigenen Erkenntnisprozess zu begreifen, dass eine Katastrophe drohte, und – ihrem Gewissen folgend – aus der Parteidisziplin auszuscheren und selbstbestimmt einen Beitrag zur Gewaltlosigkeit zu leisten. Es gehört seit jeher zum Privileg der Sieger, dass man sich im Nachgang damit schmücken kann, schon immer auf der richtigen Seite gestanden zu haben. Und es gibt bei revolutionären Ereignissen genügend »Wendehälse«, die die Seiten wechseln, und auch der Herbst 1989 und das Frühjahr 1990 in der DDR blieben davon nicht verschont. Aber in einer völlig offenen Situation seinem Gewissen zu folgen und aus der alles bestimmenden Parteidisziplin auszuscheren, das ist eine persönliche Leistung – trotz ihrer weiterhin vorhandenen kritikwürdigen Loyalität zur Politik der SED –, die durchaus mehr Beachtung verdient als bisher geschehen.

Zweifellos hat die Masse an Menschen am Abend des 9. Oktober 1989 die Ereignisse in Leipzig bestimmt. Hinzu kam der Konsens der Gewaltfreiheit unter den Demonstranten, der in den Friedensgebeten in den Kirchen immer wieder betont und unausgesprochen auch von den Menschen mitgetragen wurde, die draußen am Karl-Marx-Platz auf die kommenden Ereignisse warteten. Darum gebührt vor allem den damals beteiligten Vertretern der Kirche große Anerkennung, den christlichen Gedanken der Gewaltfreiheit unter so viele Nichtchristen gebracht zu haben, denn es heißt, dass die DDR in den 1980er Jahren der atheistischste Fleck auf der ganzen Welt war. Die an dem Abend verteilten Flugblätter von Leipziger Bürgerrechtsgruppen haben ebenfalls ihren Beitrag geleistet. Ihr langer Atem bei den Montagsgebeten und ihre vielfältigen öffentlichen Aktionen 1988/89 haben viele Steine überhaupt erst ins Rollen gebracht.

Es war – die drohende Katastrophe vor Augen – der Kompromiss und das Gespräch auf Augenhöhe zwischen drei Bürgern der Stadt und drei Leipziger Entscheidungsträgern, die den Aufruf der Leipziger Sechs möglich gemacht haben. Manchen Bürgerrechtlern von einst ist im Nachgang dieses Zweckbündnis mit dem »Feind« zu opportun gewesen, weshalb der Aufruf, seine Wirkung und seine Akteure in einigen Publikationen marginalisiert wurden. Letztlich ist das aber nicht entscheidend. Entscheidend ist, dass es an diesem Abend in Leipzig keine Toten, keine Verletzten gegeben hat – trotz der hochgerüsteten Polizei mit ihren munitionierten Schützenpanzerwagen –, verhindert nicht durch SED-Funktionäre in Berlin, sondern durch Menschen in Leipzig. Dem schloss sich in den Folgewochen ein Dialogprozess an.

Reisefreiheit war eine der Forderungen, die Hunderttausende im Oktober in Leipzig und in anderen Städten quer durch die DDR auf die Straßen brachte. Der Fall der Mauer am 9. November war Ergebnis dessen. Ohne diese Demonstrationen hätte es keine Öffnung der Grenze gegeben. Das alles sollte nicht in Vergessenheit geraten.

Literaturverzeichnis (Auswahl)

Ahbe, Thomas/Hofmann, Michael/Stiehler, Volker (Hrsg.): *Redefreiheit. Öffentliche Debatten in Leipzig im Herbst 1989*, Leipzig 2014.

Bahrmann, Hannes/Links, Christoph: *Chronik der Wende. Die DDR zwischen 7. Oktober und 18. Dezember 1989*, Berlin 1994.

Dietrich, Christian/Schwabe, Uwe (Hrsg.): *Freunde und Feinde. Friedensgebete in Leipzig zwischen 1981 und dem 9. Oktober 1989*, Leipzig 1994.

Führer, Christian: *Und wir sind dabei gewesen*, Berlin 2008.

Heydemann, Günther u. a. (Hrsg.): *Revolution und Transformation in der DDR 1989/90*, Berlin 1999.

Krenz, Egon: *Wenn Mauern fallen*, Wien 1990

Kowalczuk, Ilko-Sascha: *Endspiel. Die Revolution von 1989 in der DDR*, München 2009.

Kuhn, Ekkehard: *Der Tag der Entscheidung. Leipzig, 9. Oktober 1989*, Berlin 1992.

Mitter, Armin/Wolle, Stefan (Hrsg.): *Ich liebe euch doch alle. Befehle und Lageberichte des MfS Januar–November 1989*, Berlin 1990.

Naumann, Martin: *Wendetagebuch*, Leipzig 1998.

Neues Forum Leipzig (Hrsg.): *Jetzt oder nie – Demokratie! Leipziger Herbst '89*, Leipzig 1989.

Opp, Karl-Dieter/Voß, Peter/Gerne, Christiane: *Die volkseigene Revolution*, Stuttgart 1993.

Wenzke, Rüdger (Hrsg.): *Damit hatten wir die Initiative verloren*, Berlin 2014.

Wolle, Stefan: *Die DDR. Eine Geschichte von der Gründung bis zum Untergang*, Sonderausgabe der Bundeszentrale für politische Bildung, Bonn 2015.

Zwahr, Hartmut: *Ende einer Selbstzerstörung. Leipzig und die Revolution in der DDR*, Göttingen 1993.

Abkürzungsverzeichnis

Agra	Park bzw. Ausstellungsgelände einer Landwirtschaftsausstellung
CDU	Christlich Demokratische Union
DDR	Deutsche Demokratische Republik
DVP	Deutsche Volkspolizei
FDJ	Freie Deutsche Jugend
LDPD	Liberaldemokratische Partei Deutschlands
LVZ	Leipziger Volkszeitung
NVA	Nationale Volksarmee
SED	Sozialistische Einheitspartei Deutschlands
SPW	Schützenpanzerwagen
StAL	Sächsisches Staatsarchiv Leipzig
VP	Volkspolizei
VPKA	Volkspolizeikreisamt
ZK	Zentralkomitee

Quellenverzeichnis

1 Vgl. Stefan Wolle, *Die DDR*, Bd.1, Sonderausgabe der Bundeszentrale für politische Bildung, Bonn 2015, S. 77.
2 Stefan Wolle: *Die DDR*, Bd.1, Sonderausgabe der Bundeszentrale für politische Bildung, Bonn 2015, S. 393.
3 StAL, Bestand SED-Bezirksleitung 21123, Nr. IV/F/2/3/118.
4 StAL 21123, Nr. IV/F/2/3/118, Bl. 63f.
5 StAL 20250, Nr. 3929, Bl. 144.
6 StAL 20250, Nr. 3931, Bl. 117.
7 StAL 20250, Nr. 1593, unpag.
8 Vgl. Daniel Niemetz, »Einen neuen ›17. Juni‹ verhindern«, in: Rüdger Wenzke (Hrsg.), *Damit hatten wir die Initiative verloren*, Berlin 2014, S. 115.
9 StAL 20250, Nr. 3929, Bl. 88.
10 StAL 20250, Nr. 3929, Bl. 174f.
11 StAL 20250, Nr. 3929, Bl. 186f.
12 StAL 20250, Nr. 1592, Schreiben von Generalmajor Straßenburg an die Leiter der Dienststellen vom 5. 10. 1989, unpag.
13 Armin Mitter, Stefan Wolle (Hrsg.), *Ich liebe euch doch alle. Befehle und Lageberichte des MfS Januar–November 1989*, Berlin 1990, S. 201.
14 Leipziger Volkszeitung vom 6. 10. 1989, S. 2.
15 StAL 20250, Nr. 3929, Bl. 89.
16 StAL 20250, Nr. 3929, Bl. 127.
17 Alle Angaben StAL 20250, Nr. 3929, Entschluss des Leiters des VPKA Leipzig vom 8. 10. 1989.
18 StAL 20250, Nr. 3934 Bl. 159.
19 StAL 20250, Nr. 3992, unpag.
20 StAL 20250, Nr. 3934, Bl. 92.
21 StAL 20250, Nr. 3934, Bl. 101.

22 StAL 20250, Nr. 3934, Bl.158.
23 Vgl. Tobias Hollitzer, »Der friedliche Verlauf des 9. Oktober 1989 in Leipzig«, in: Günther Heydemann u. a. (Hrsg.), *Revolution und Transformation in der DDR 1989/90*, Berlin 1999, S. 270.
24 Zitiert nach Ekkehard Kuhn, *Der Tag der Entscheidung*, Berlin 1992, S. 89 f.
25 Vgl. Egon Krenz, *Wenn Mauern fallen*, Wien 1990, S.135–140.
26 StAL 20250, Nr. 3929, Polizeibericht vom 9. 10. 1989, 21.50 Uhr, Bl. 154.
27 Zitiert nach Ekkehard Kuhn, *Der Tag der Entscheidung*, Berlin 1992, S. 125.
28 StAL 20250, Nr. 3929, Bl. 150.
29 StAL 20250, Nr. 3929, Bl. 115.
30 StAL 20250 Nr. 3929, Polizeibericht vom 10. 10. 1989, 02.00 Uhr, an den Minister des Innern und den Chef der DVP, Bl. 113 ff.
31 StAL 20250 Nr. 3929, Bl. 91.
32 StAL 20250 Nr. 3929, Bl. 105.
33 StAL 20250 Nr. 3929, Bl. 120.
34 StAL 20250 Nr. 3929, Bl.104.
35 Armin Mitter, Stefan Wolle (Hrsg.), *Ich liebe euch doch alle. Befehle und Lageberichte des MfS Januar–November 1989*, Berlin 1990, S.16.
36 StAL 21123, SED-Bezirksleitung Leipzig Nr. 03, unpag.
37 Neues Deutschland vom 12. 10. 1989.
38 Fritz Streletz im Zeitzeugeninterview, siehe: https://www.youtube.com/watch?v=eKXRxj9jnv4.
39 StAL 20250, Nr. 3992, unpag.
40 StAL 20250, Nr. 1592, Schreiben vom 15. 10. 1989, unpag.
41 StAL 20250, Nr. 1592, unpag.
42 Armin Mitter, Stefan Wolle (Hrsg.), *Ich liebe euch doch alle. Befehle und Lageberichte des MfS Januar–November 1989*, Berlin 1990, S.221.
43 StAL 20250, Nr. 1592, Bl. 3.
44 StAL 20250, Nr. 3929, Bl. 54.
45 Vgl. Ilko-Sascha Kowalczuk, *Endspiel*, Sonderausgabe der Bundeszentrale für politische Bildung, Bonn 2009, S. 422.
46 StAL 20250, Nr. 3929, Bl. 39.

47 StAL 20250, Nr. 3992, Fernschreiben vom 20. 10.1989, unpag.
48 StAL 20250, Nr. 3929, Bl. 3 ff.
49 Protokoll der Sitzung, StAL 21123, SED-Bezirksleitung Leipzig Nr. IV/F/2/1/014, Bl. 83.

Bildnachweis

Archiv Bürgerbewegung Leipzig: S. 23
dpa-Report: S. 131
Uwe Frauendorf: S. 157, 196/197
Gerhard Gäbler: S. 39, 47, 102/103, 143, 145, 201, 202, 205
Sighard Gille: S. 92, 93
Hans-Joachim Götze: S. 90
Gerhard Hopf: S. 133 u, 207
Armin Kühne: S. 169 u, 203
Leipziger Volkszeitung: S. 165
Familienarchiv Lange: S. 33, 81, 83, 125, 135, 176, 183
Gerd Mothes: S. 133 o
Martin Naumann: S. 169 o
Stadtgeschichtliches Museum Leipzig: S. 98
Gudrun Vogel: S. 24
Gaby Waldek: S. 21, 152,
Karin Wieckhorst: S. 130
ZDF: S. 155

Danksagung

Wir bedanken uns bei Birgit Peter für das sorgsame und anregende Lektorat.

Bernd-Lutz Lange sagt allen Dank, mit denen er über ihre Erinnerungen an den Herbst 1989 reden konnte.

Franziska Scheffler von der Behörde des Bundesbeauftragten für die Stasi-Unterlagen gilt unser Dank. Sie recherchierte für dieses Buch in den Archiven der Staatssicherheit und förderte interessante Dokumente zutage. Wir bedanken uns ebenso bei den Mitarbeitern des Sächsischen Staatsarchivs Paunsdorf für die Zuarbeiten.

Bei der Bereitstellung von Fotos halfen uns Dr. Jens Blecher vom Leipziger Universitätsarchiv, Christoph Kaufmann vom Stadtgeschichtlichen Museum, Cornelia Kretzschmar vom Archiv der Leipziger Volkszeitung, Iris Türke vom Gewandhausarchiv, das Archiv der Bürgerbewegung Leipzig e.V. sowie Jürgen Domes, Uwe Frauendorf, Gerhard Gäbler, Prof. Sighard Gille, Dr. Hans-Joachim Götze, Gerhard Hopf, Armin H. Kühne, Günter Lüttig, Gerd Mothes, Gudrun Vogel, Gaby Waldek und Karin Wieckhorst.

Bernd-Lutz Lange verwendete einige Passagen aus den Kapiteln »Mut« und »Der 9. Oktober 1989« aus seinem Buch »Dämmerschoppen«, erschienen 1997 im Gustav Kiepenheuer Verlag, Leipzig.

Sascha Lange
Das wird mein Jahr
Roman
224 Seiten. Broschur
ISBN 978-3-7466-2635-2
Auch als E-Book erhältlich

Vom Abhauen und Ankommen

Spätsommer 1989. Friedemann ist 18. Alles, was der Gärtnerlehrling aus Leipzig vom Leben will, ist ein bisschen Rock 'n' Roll und Anke. Doch dann sind Anke und die Mauer plötzlich weg. Und Friedemann braucht einen neuen Plan. Was läge da näher, als im Westen zum Cannabis züchtenden Hausfrauentröster zu werden? – Dieses Buch ist turbulente Wendekomödie, Roadmovie und Love-Story in einem.

»Ein hervorragender Türöffner für eigene Erinnerungen.«
»Die Welt« über »DJ Westradio«

Regelmäßige Informationen erhalten Sie über unseren Newsletter. Jetzt anmelden unter: www.aufbau-verlag.de/newsletter

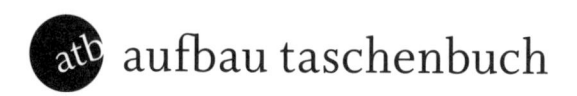

aufbau taschenbuch

Bernd-Lutz Lange
Das gabs früher nicht
Ein Auslaufmodell zieht Bilanz
349 Seiten. Gebunden mit Schutzumschlag
ISBN 978-3-351-03650-8
Auch als E-Book erhältlich

Ein kluger Kritiker des Zeitgeistes

Wofür braucht der Mensch einen »Wellnesswecker«? Wieso streben alle einen definierten Body an, aber sprechen ein undefinierbares Deutsch? Und wenn alle auf Stand-by sind, warum haben dann so wenige einen Standpunkt? – Indem er das Früher mit dem Heute vergleicht, rechnet Bernd-Lutz Lange mit dem Zeitgeist ab.

»Es scheint mir, dass ich in eine Zeit geraten bin, in der vieles, was sich zum Teil über Jahrhunderte erhalten hat, nun verschwindet.«

Regelmäßige Informationen erhalten Sie über unseren Newsletter. Jetzt anmelden unter: www.aufbau-verlag.de/newsletter

aufbau